Cidadania e Direitos do Trabalho

Angela de Castro Gomes

Cidadania e Direitos do Trabalho

ZAHAR

Jorge Zahar Editor Ltda.
rua Marquês de S. Vicente 99 – 1º
22451-041 Rio de Janeiro, RJ
tel (21) 2529-4750 | fax (21) 2529-4787
editora@zahar.com.br | www.zahar.com.br

Grafia atualizada respeitando o novo
Acordo Ortográfico da Língua Portuguesa

Capa: Sérgio Campante
Composição eletrônica: TopTextos Edições Gráficas Ltda.

CIP-Brasil. Catalogação na fonte
Sindicato Nacional dos Editores de Livros, RJ

Gomes, Angela Maria de Castro, 1948-
G612c Cidadania e direitos do trabalho / Angela de Castro Gomes. — Rio de Janeiro: Zahar, 2002.
(Descobrindo o Brasil)

Inclui bibliografia
ISBN 978-85-7110-683-3

1. Direito do trabalho – Brasil – História. 2. Trabalhismo – Brasil – História. 3. Cidadania – Brasil. I. Título. II. Série.

CDD: 981
02-1519 CDU: 981

Sumário

Créditos das ilustrações

1. Revista *Fon-Fon*, ano XI, n.28, 14.07.1917. Acervo da Fundação Casa de Rui Barbosa.

2. Revista *Fon-Fon*, ano XII, n.19, 10.05.1919. Acervo da Fundação Casa de Rui Barbosa.

3. Documento gentilmente cedido por Lia Calabre.

4. Documento gentilmente cedido por Salvatore Chinelli.

5. Coleção particular Arnaldo Süssekind.

6. Fundação Getulio Vargas/Centro de Pesquisa e Documentação de História Contemporânea do Brasil. Arquivo Alexandra Marcondes Filho.

7. Fundação Getulio Vargas/Centro de Pesquisa e Documentação de História Contemporânea do Brasil. Arquivo Ernani do Amaral Peixoto.

8. Acervo do jornal *Diário do Grande ABC.* Foto de Reinaldo Martins.

9. Fundação Getulio Vargas/Centro de Pesquisa e Documentação de História Contemporânea do Brasil. Arquivo Ulisses Guimarães.

Introdução

Sultana Levy, uma paraense nascida em 1910, foi das primeiras funcionárias da Justiça do Trabalho no Brasil. Uma justiça de tipo especial que começou a atuar em todo o território nacional no dia 1º de maio de 1941, sendo propagada e conhecida como das maiores realizações de Getúlio Vargas, o então chefe do Estado Novo, no campo dos direitos do trabalho. Segundo dona Sultana, que se encarregava de datilografar as reclamações dirigidas à Junta de Conciliação e Julgamento de Belém, nem bem a dita Junta começou a funcionar, já eram muitas as demandas de trabalhadores — o que revela que eles tinham informações sobre o que era esse novo tipo de justiça e desejavam ser por ela amparados. Entre as mais numerosas estavam as queixas de empregados demitidos sem justa causa e as demandas de operárias que, grávidas, pediam a proteção que a lei lhes garantia. Certamente por ser mulher, dona Sultana observou que foram muitas as grávidas que buscaram a justiça, mas um caso lhe chamou particularmente a atenção:

o de uma operária cujo patrão reagiu à sentença do presidente da Junta, argumentando que tinha a certeza de que não era o pai da criança e, por isso, não tinha obrigação de manter a empregada. O fato evidenciava duas coisas. Primeiro, que muitos patrões eram efetivamente pais de filhos de operárias, pois, como se sabia há muito, delas abusavam devido a sua posição de poder. Segundo, que a sincera indignação daquele homem demonstrava o quão distante estava da mentalidade dos empregadores brasileiros a ideia de que trabalhadores deveriam ter direitos e que cumpria aos patrões respeitá-los.

Mas pode-se argumentar que, em 1941, a legislação trabalhista era ainda recente e, sobretudo, que era uma grande novidade a existência de um poder, garantido pelo Estado, capaz de obrigar empresas privadas a cumprir obrigações nessa área específica dos direitos sociais. Porém, a questão é mais complexa, como um outro episódio evidencia. Quem o comenta é Arnaldo Sussekind, ex-ministro do Tribunal Superior do Trabalho (TST), órgão máximo da Justiça do Trabalho, que foi um dos homens a, em 1943, integrar a equipe ministerial que elaborou a Consolidação das Leis do Trabalho do Brasil. Em 1994, o experiente jurista foi convocado pelo presidente da República, Itamar Franco, a defender o Brasil na Organização Internacional do Trabalho (OIT) de uma grave denúncia. Havia provas substanciais e inegáveis de que empresários brasileiros estariam exigindo de mulheres que buscavam se empregar um atestado de laqueadura, isto é, uma comprovação médica de que não poderiam ter mais filhos. Uma gravíssima infração às normas internacionais do Direito do Trabalho, sancionadas pelo país há décadas, além de desobediência a uma legislação de proteção ao trabalho feminino, existente desde os anos 1920. Portanto, cinquenta anos depois do início do funcionamento da Justiça do Trabalho e mesmo não tendo mais que pagar o salário maternidade (desde a década de 1970 ele é de responsabilidade da previdência social e não mais dos empregadores), os empresários relutavam em cumprir a lei. Uma legislação que, embora desde os anos 1940 consagre que a remuneração por trabalho igual deve ser igual, é permanentemente burlada, pois recentes pesquisas demonstram que tanto mulheres quanto negros, mesmo com carteira de trabalho assinada, ganham sistematicamente cerca de 40% menos que homens brancos.

É para a história desses direitos do trabalho que esse texto se volta, examinando tanto a experiência dos trabalhadores na luta para alcançá-los, como a ação do Estado na formulação e implementação de medidas para garanti-los legalmente. Uma história cheia de dificuldades e de resistências (em particular do empresariado), que tem um começo mas que certamente não tem um fim, já que as lutas por direitos de cidadania são permanentes.

Por isso, um bom começo é o próprio conceito de cidadania, sempre vinculado à ideia de direitos, e que será entendido a partir do que uma literatura clássica na área das ciências sociais tem consagrado, usando como referência o livro de T.H. Marshall *Cidadania, classe social e status*. Nele, o autor, que trabalha com o exemplo histórico inglês, distingue três dimensões básicas da cidadania. Em primeiro lugar, a dos direitos civis, moldada pela ideia de liberdade individual e construída como um anteparo e uma proteção ao poder do Estado ou de outros indivíduos, a partir do século XVIII. Por isso, são direitos civis todos aqueles que asseguram a vida, a liberdade, a igualdade e também a manifestação de pensamentos e movimentos das pessoas que integram uma sociedade regida por leis. Em segundo lugar, a dos direitos políticos, que são aqueles que dizem respeito à participação dos cidadãos no governo de sua sociedade, ou seja, na feitura das leis que garantem e expandem seus direitos, inclusive protegendo-os, mais uma vez, do poder do Estado. O voto, como instrumento principal, e todos os órgãos e associações de representação popular (como câmaras e partidos políticos) materializam a ideia de cidadania política, nascida no século XIX. Como se pode depreender, é possível que em uma sociedade existam direitos civis sem que existam direitos políticos. Mas é impossível a existência de direitos políticos sem a vigência, ainda que com dificuldades, de direitos civis que permitam a expressão e a organização de ideias e interesses que, dessa forma, possam se representar.

Finalmente, no curso desse longo processo, Marshall situa os direitos sociais, nascidos no século XX. Seu sentido primordial é o de garantir condições de vida e trabalho aos cidadãos de uma sociedade, assegurando-lhes uma certa segurança e participação, ainda que pequena, na riqueza e bem-estar coletivos. Educação, saúde e trabalho formam assim uma espécie de tríade fundamental dos direitos sociais que, numa certa chave de leitura, podem ser considerados um desdobramento dos próprios direitos civis, na medida em que garantem a vida, a liberdade e a dignidade moral dos cidadãos que pactuam politicamente. Só que, no caso desses direitos, não se trata de limitar a ação do Estado para proteger os cidadãos; trata-se justamente de ampliar essa ação, embora com o mesmo sentido de proteger o cidadão, definido a partir de uma nova ideia de cidadania. Os direitos sociais, portanto, mesmo envolvendo questões de cálculos econômicos (de custos, perdas e danos materiais à sociedade), transcendem-nas em muito, podendo e devendo ser entendidos como uma das dimensões centrais do pacto político travado entre Estado e sociedade, tendo em vista valores culturais e um projeto de "boa" sociedade.

Fica claro, nesse sentido, que há uma dinâmica e um ritmo diferenciados na luta pelos direitos de cidadania, demarcando a experiência de vários países através do tempo. Para Marshall, o caso inglês apontou para uma certa sequência histórica do processo: direitos civis, políticos e sociais. Contudo, tal sequência não é um modelo rígido, que consagre uma única ordem possível, teórica ou empírica, de acesso a tais direitos. Longe disso, sobretudo se considerarmos que a experiência de um país é observada, aprendida e transformada por outros. Foi o que aconteceu no Brasil, onde o acesso aos direitos de cidadania não seguiu essa sequência clássica e sempre dialogou com os exemplos europeus e norte-americano. Ou seja, em nossa experiência pode-se dizer que ocorreu uma espécie de superposição de demandas por direitos, especialmente após a proclamação da República, em 1889, o que deu ao processo de construção da cidadania grande complexidade. Além disso, pode-se ressaltar que, por razões históricas, os direitos sociais, especialmente os do trabalho, assumiram posição estratégica para a vivência da cidadania, o que se reforçou pela fragilidade dos direitos civis e pelo desrespeito aos direitos políticos, infelizmente muito praticado ao longo do século XX.

A Primeira República e a luta por direitos do trabalho

Por que começar uma história dos direitos do trabalho no Brasil retomando a Primeira República? Exatamente para discutir por que esse período continua sendo representado por uma ampla literatura cujas origens datam da própria Primeira República, como um dos momentos que melhor explicitam as "insuficiências" políticas do Brasil, não sendo um marco importante nem para a história da cidadania do país, nem para os direitos do trabalho. Um diagnóstico muito discutível e nada ingênuo, como se verá.

Isso porque a Proclamação da República, imediatamente precedida da Abolição da escravidão, precisa ser entendida como um momento de fundamental transformação política e social, embora não seja, evidentemente, um momento de mudança revolucionária. As avaliações de numerosos e diferenciados políticos e intelectuais desse período convergem para esse ponto, ao assinalarem ambos os acontecimentos como cruciais para o processo de construção da nacionalidade brasileira. Tais conclusões podem ser mais bem dimensionadas quando se observa que a Abolição encerrava uma experiência de cerca de quatro séculos, pela qual a maioria da população de trabalhadores do país — os escravos — era definida pela ausência de qualquer tipo de direito. Assim, se durante o período imperial o processo de construção de um Estado nacional estava em curso, o processo de construção de uma nação brasileira ficava comprometido pela existência da escravidão.

É no sentido preciso da afirmação da total igualdade jurídica dos homens perante a lei que a Abolição e a

República assinalam um ponto de inflexão na história da cidadania brasileira. A importância da Abolição não está no número de escravos que libertou, nem na figura de uma princesa redentora. Sabemos hoje que, proporcionalmente, não era muito numerosa a população de escravos ainda existente em 1888; além disso, sabemos que a Abolição não desencadeou um processo que significasse grandes melhorias para a população negra, do mesmo modo que a República, de imediato, não representou a vigência no país de práticas políticas representativas muito diferentes das experimentadas no período imperial. Mesmo assim, é possível argumentar que só a partir de então tornou-se realidade jurídica, no Brasil, o princípio da equidade política, isto é, o princípio de que todos os homens são iguais perante a lei. Só então o país pôde passar a se construir também como uma nação, enfrentando a questão-chave da extensão dos direitos de cidadania, quer fossem civis políticos ou mesmo sociais.

Trata-se de um formalismo? Sem dúvida. Mas é necessário chamar atenção para a importância de certos formalismos. Devido a isso, a República trouxe o primeiro Código Civil do país, que é de 1916. Ele começou a ser elaborado durante o período monárquico, mas só pôde ser concluído quando a situação de uma ampla parcela da população brasileira, composta basicamente por homens "de cor", deixou de transitar entre a condição de escravo e homem livre, com graus diferenciados de acesso à cidadania. Portanto, como estudos recentes demonstram, não era tanto a escravidão em si que bloqueava a feitura de um Código Civil, mas sim a mobilidade entre a situação jurídico-política de ser ou não ser escravo. Com a Abolição e a República, essa fluidez de fronteiras foi ultrapassada e o Código Civil pôde ser elaborado. Assim, as inovações que a República trouxe em relação à pauta do século XIX foram basicamente duas: a definição jurídico-política de uma nação formada por "homens livres", todos potencialmente capazes do exercício da cidadania; e a inclusão dos chamados direitos sociais no conjunto dos direitos que a ideia de cidadania abarcava.

Por tudo isso, uma das principais características do início de uma luta por direitos do trabalho no Brasil foi a necessidade de enfrentar a dura herança de um passado escravista, que marcou profundamente toda a sociedade, nas suas formas de tratar e de pensar seus trabalhadores. Na virada do século XIX para o XX, produzir uma identidade positiva para o trabalhador e dar valor ao ato de trabalhar exigiram um esforço muito grande. De um lado, porque se tratava de afirmar a dignidade do trabalhador, de onde decorreria a demanda por direitos, sem que se pudesse recorrer a um passado de tradições — ao contrário, era necessário superar o passado escravista para que um futuro pudesse se desenhar. De outro lado, porque a identidade desse sujeito que integrava o mercado de trabalho também não possuía contornos nítidos. Como em outras experiências históricas, os trabalhadores brasileiros do fim do século XIX não eram um todo homogêneo. Eles se diferenciavam muito, em cor, sexo, idade, etnia (havia imigrantes de várias nacionalidades), e se autodefiniam como artistas, artesãos, operários, funcionários etc.

Essa grande diversidade demonstra como esse foi um período estratégico para a formação de atores políticos no Brasil, entre os quais estavam os trabalhadores e o empresariado. Ela indica também como foi difícil construir propostas de identidade que produzissem o reconhecimento dos trabalhadores por eles mesmos e, ao mesmo tempo, por outros atores, como os patrões, o governo etc. Nesse processo, foi preciso descobrir valores, inventar palavras, símbolos e formas de organização capazes de criar, no país, uma nova tradição de respeito ao trabalhador, agora um cidadão e não mais um escravo. Uma dicotomia que sobreviveu muito tempo depois do fim da escravidão, demarcando uma fronteira que, além de jurídica, era profundamente sociocultural.

Importa então deixar bem claro que existiam trabalhadores, mas *não* uma identidade positiva para aqueles que trabalhavam e para o ato de trabalhar, quando da Abolição e República. Tal identidade se constrói a partir de uma imensa e conflituosa luta, que envolveu vários atores, em especial os próprios trabalhadores.

Nesse sentido, houve muitas disputas entre as lideranças dos trabalhadores durante esse processo, sobretudo no que diz respeito a seus instrumentos de organização, essenciais para a formulação e a luta por reivindicações. Por isso, falar de uma história dos direitos do trabalho no Brasil é falar também de uma história das formas de organização dos trabalhadores. E elas são basicamente duas, ambas se desenvolvendo ao longo da Primeira República: as organizações de matriz corporativa, clássicas do mundo do trabalho, chamem-se ligas, clubes, centros, resistências, associações mutualistas ou sindicatos; e as organizações do espaço político, basicamente os partidos.

Lideranças de várias correntes da época, como socialistas, anarquistas e comunistas, competiam entre si com propostas que atribuíam pesos e papéis diferenciados às associações de classe e aos partidos políticos. Também discutiam acerca do valor de iniciativas como a criação de jornais, bibliotecas, grupos de teatro e bandas musicais, embora concordassem que todas eram úteis à mobilização e à formação de uma consciência de trabalhador. Além disso, divergiam no que dizia respeito às formas de luta consideradas mais eficientes. Aqueles que, como os socialistas e também os comunistas, priorizavam a organização de partidos políticos, davam destaque ao voto dos trabalhadores, bem como à luta por representação parlamentar e por uma legislação de proteção do trabalho. Já os anarquistas, que acreditavam nos sindicatos como instrumentos de "ação direta" na luta contra o patronato, propunham as greves, os boicotes e qualquer tipo de mobilização do gênero. Mas mesmo tais lideranças, que denunciavam a política parlamentar de uma forma geral, não foram estranhas às reivindicações de criação de normas que regulassem o mercado de trabalho, particularmente quando resultassem do enfrentamento entre trabalhadores e patrões.

Os anos da Primeira República foram, portanto, fundamentais para a constituição de uma identidade de trabalhador e também o momento inicial das lutas por direitos sociais do trabalho no Brasil. As principais demandas então levantadas, independentemente do tipo de liderança que estivesse na associação de classe, e excluindo as questões salariais, eram: carga horária de oito horas trabalho; a regulamentação do trabalho feminino (com normas que protegessem a gravidez) e dos menores; uma lei de acidentes do trabalho. A resistência patronal foi enorme e quando se faziam acordos, como aconteceu após algumas greves, eles eram muito frágeis e instáveis, uma vez que dependiam basicamente da força das organizações de classe para mantê-los.

Mesmo assim, um conjunto de medidas legislativas significativo foi votado durante as décadas da Primeira República. Pode-se dizer que o ano de 1918 marca o início dos trabalhos da Câmara dos Deputados na questão. Essas iniciativas associam-se ao clima de intensa agitação operária que então vigorava (entre 1917 e 1920 foram muitas as manifestações e greves), um claro indicador da maior participação política da população urbana. Além disso, internacionalmente, havia uma crescente preocupação com a "questão operária", devido ao fim da Primeira Guerra e da assinatura do Tratado de Versalhes (de 1919), do qual o Brasil é signatário. É esse tratado que recomenda a instituição de um novo tipo de direito — o do trabalho —, capaz de representar a nova sociedade do pós-guerra. Um direito, portanto, que nasce com sanção internacional, o que se formaliza pela formação da OIT.

É nesse contexto, que aconselhava o abandono dos princípios liberais e o início da intervenção do Estado em assuntos trabalhistas, que as primeiras leis sobre o assunto são votadas no Brasil. Entre elas estão: uma lei de acidentes de trabalho, de 1919; a formação de Caixas de Aposentadoria e Pensões (CAPs), em 1923; a criação de um Conselho Nacional do Trabalho, também em 1923; uma lei de férias, de 1925; e um Código de Menores, de 1926. Todas essas medidas eram parcelas de uma iniciativa mais ampla que vinha sendo discutida desde 1917/18, quando se tentou aprovar um projeto de Código de Trabalho para o país. Elas evidenciavam que a chamada questão social já era um ponto da agenda política da época que, como outros, sofria fortes resistências, devido ao federalismo (os estados temiam a intervenção do governo federal) e à postura do patronato, bem mobilizado por suas associações de classe e disposto a defender o que entendia como o princípio da "liberdade de trabalho" nas empresas.

Considerando-se a força política e econômica das oligarquias e do patronato, é possível entender a eficácia do veto imposto às iniciativas que buscavam regulamentar o mercado de trabalho, especialmente quando elas assumiam feições bem amplas, como é o caso de um código, aliás nunca aprovado nos termos propostos nos anos 1910. Sob esse ângulo, as raras conquistas realizadas pelo movimento operário da época, que tinha aliados entre parlamentares e intelectuais, ganham outra dimensão. Embora esse tenha sido um tempo de organizações de trabalhadores ainda muito frágeis (as atividades industriais se iniciavam e os operários eram pouco numerosos), elas conseguiram disseminar uma experiência de reivindicações, consolidando ideais e práticas de luta entre os trabalhadores. Mesmo que suas conquistas materiais tenham sido pequenas e efêmeras, pode-se dizer que, ao final da Primeira República, existia uma figura de trabalhador brasileiro que lutava por uma nova ética do trabalho e por direitos sociais que regulamentassem o mercado de trabalho.

Essa transformação não é de pouca importância, sobretudo quando se sabe que foi fruto de uma ação cotidiana, que se realizava nas fábricas, nas associações de classe e nas ruas, sofrendo sistemática recusa do patronato e violenta repressão policial. Uma ação que pode ser melhor visualizada em algumas oportunidades especiais, como foi o caso das greves ocorridas em 1917 e 1918, ou de grandes manifestações, como a do 1º de maio, Dia do Trabalho, organizadas até o início dos anos 1920, tendo como palco praças e ruas do centro da capital federal e de outras cidades do país. A partir de então, esses acontecimentos escassearam, encerrando uma experiência que, embora não muito bem-sucedida em termos de conquistas, foi fundamental para o movimento operário.

Assim, para as finalidades desta reflexão, importa assinalar que foi usando o que existia em termos de direitos civis e políticos que os trabalhadores atuaram e formularam reivindicações: criaram suas associações de classe; fizeram boicotes, greves e campanhas (contra a carestia, contra a guerra, por melhores condições de trabalho etc.); formaram partidos operários (socialistas e o próprio Partido Comunista do Brasil, em 1922); e lançaram candidatos às eleições parlamentares.

É certo que essas lutas foram fragmentárias, difíceis e conseguiram poucos resultados imediatos, até porque o Estado não dispunha de instituições para garantir a aplicação das leis. Mas elas existiram, e os avanços que os direitos sociais tiveram no Brasil do pós-1930 não devem ser analisados fazendo-se *tabula rasa* de tudo o que foi conseguido anteriormente. É preciso ter clareza de que o período da Primeira República não foi o de um vazio organizacional, durante o qual a população desconhecesse formas de associação e luta por direitos. Em um certo sentido, quando se reforça essa visão, assume-se o discurso dos ideólogos do pós-30, que construíram uma imagem negativa dessa experiência republicana para legitimar uma proposta de Estado forte, associando autoritarismo a direitos do trabalho. Portanto — e esse é o ponto a ressaltar —, quando a chamada Revolução de 1930 abriu caminho para algumas conquistas políticas (logo interrompidas) e para uma efetiva formulação e implementação de uma legislação social, uma luta sistemática já vinha sendo travada pela expansão dos direitos do trabalho no Brasil.

Os direitos do trabalho nos primeiros tempos de Vargas: o Governo Provisório e o Governo Constitucional

É com essa herança que o Estado do pós-30 irá lidar. Ainda durante o período eleitoral, a campanha dos candidatos da Aliança Liberal, Getúlio Vargas e João Pessoa, criara expectativas entre os trabalhadores, incorporando promessas de regulação do mercado de trabalho, além da moralização das práticas de exercício de direitos políticos, com o estabelecimento do voto secreto e da Justiça Eleitoral. Com a derrota nas urnas, mas com a vitória do movimento armado, inaugura-se um novo tempo na história dos direitos do trabalho no Brasil. O maior indicador do fato é a criação, pelo Governo Provisório, ainda em novembro de 1930, de um Ministério do Trabalho, Indústria e Comércio. O "ministério da revolução", como foi chamado, deveria simbolizar o projeto "verdadeiramente inovador" do governo, com a presença do Estado regulamentando e fiscalizando as relações entre capital e trabalho no país. Nesse mesmo ano, em 12 de dezembro, o Governo Provisório decreta a "Lei dos 2/3", que exigia que todas as empresas tivessem 2/3 de trabalhadores nacionais. Por valorizar o trabalhador brasileiro, muitas vezes preterido ante o estrangeiro, ficou conhecida como a lei de nacionalização do trabalho.

Os parâmetros da política desse governo com relação aos trabalhadores e ao patronato começara a se delinear, mas seus contornos iriam se precisar em março de 1931, quando o Decreto 19.770 estabeleceu novas normas de sindicalização, assumindo um modelo doutrinário de corte corporativista. Por ele se estabelecia que as associações deviam se organizar por ramos de produção econômica, transformando-se os sindicatos nas células básicas de todo esse processo de organização social. A lei de sindicalização de 1931 alterava e ao mesmo tempo concorria com o padrão de associações até então existente no movimento operário que, a partir daí, seria sistematicamente reprimido. Por meio dela, os sindicatos eram legalmente reconhecidos — o que era um velho desejo dos trabalhadores, sempre rejeitado pelo patronato. Contudo, a lei também criava restrições. Consagrando o princípio da unidade e definindo o sindicato como órgão consultivo e de colaboração com o poder público, o decreto trazia as associações de trabalhadores para a órbita do Estado. Além disso, vedava a propaganda de ideologias políticas ou religiosas e, embora estabelecesse a sindicalização como facultativa, tornava-a na prática quase obrigatória, pois apenas os trabalhadores sindicalizados poderiam gozar dos benefícios da legislação social que se pretendia implementar.

O objetivo mais evidente do decreto era combater toda organização que permanecesse independente, bem como toda liderança considerada capaz de articular movimentos de protesto à nova ordem institucional, atingindo uma tradição associativa que lançava raízes no século XIX e que crescera durante a Primeira República. Marcada pelos princípios do corporativismo da época, uma nova tradição começava então a ser fundada no Brasil, o que implicava tanto o "esquecimento" da experiência anterior quanto um esforço de convencimento e repressão da classe trabalhadora pelos governos dos pós-1930. Uma tradição que, malgrado muitas e importantes transformações, continua informando o modelo de organização sindical brasileiro até hoje. Portanto, alguns comentários sobre essa primeira lei de sindicalização devem ser registrados, pois é através das formas de organização da classe trabalhadora que todo um relacionamento com o patronato, o Estado e a sociedade se estabelece.

O primeiro ponto a se destacar é que, no momento em que essa lei entrou em vigência, estavam suspensos todos os partidos políticos e câmaras legislativas, encontrando-se o país sob um regime de exceção em que o Executivo tinha poderes especiais. Sua elaboração, entretanto, resultou de uma equipe ministerial, composta por homens como Evaristo de Morais e Joaquim Pimenta, cujo saber era reconhecido e que eram identificados com os interesses dos trabalhadores. A lei atingia todas as associações de classe, quer fossem de "empregados", quer fossem de "empregadores", usando-se a terminologia que a própria lei introduz e consagra. Ao estabelecer o princípio da unidade sindical, determinava que só poderia haver *uma* associação para cada "profissão", e que todas elas deveriam ser reconhecidas pelo Estado, para então exercerem sua função social de "representação de interesses". Ou seja, era porque só havia *um* sindicato por profissão que esse órgão podia representar com exclusividade essa profissão, tornando-se uma instituição de direito público que atuava junto ao Estado e sob sua regulamentação (o ministério do Trabalho registrava o sindicato e podia fiscalizá-lo). Quer dizer, unidade sindical e tutela estatal eram as faces de uma moeda que consagrava o que se chama de monopólio da representação. Tais sindicatos se organizavam no plano municipal, havendo federações no plano regional e confederações no nacional — o que compunha uma estrutura verticalizada, sempre por categorias profissionais (ferroviários, comerciários etc).

As resistências iniciais a essa proposta foram grandes. O patronato temeu o avanço do poder intervencionista do Estado em seus "negócios privados", e em sua bem montada e rica estrutura associativa, além de ver nesse poder uma clara intenção de proteger os trabalhadores — o que implicava custos materiais imediatos, como o da obediência às leis já existentes. No que se refere à reação dos trabalhadores, o quadro foi dos mais complexos. Houve setores do movimento operário que viram com interesse a proposta corporativa, devendo-se apoiá-la e utilizá-la, até porque garantia negociações com o patronato. Outros a consideraram perigosa pelos riscos que impunha à autonomia das associações operárias, mas caminharam para sua aceitação por julgá-la inevitável. Mas houve setores que a recusaram inteiramente, reagindo ante as investidas da política governamental. O governo, por conseguinte, teve dificuldades de implementar seu projeto de enquadramento sindical, apesar de começar a angariar simpatias pela elaboração e aplicação de várias leis sociais.

Essa é uma das razões que explicam o decréscimo das resistências e as transformações que marcam os anos de 1933-34. Como já se mencionou, embora a sindicalização fosse facultativa, o governo estabeleceu que só os trabalhadores filiados aos sindicatos legalmente reconhecidos poderiam gozar os benefícios da legislação que efetivamente começava a ser implementada. Essa condição foi facilitada pela instituição da Carteira de Trabalho, de 1932, que permitiu ao ministério maior controle sobre a população trabalhadora. Foi também nesse mesmo ano que o governo reconheceu as profissões que poderiam legalmente existir, o que permitia aos trabalhadores ter acesso às leis e recorrer aos órgãos da justiça do trabalho existentes.

É importante também assinalar que, entre 1932 e 1937, sobretudo durante a gestão do ministro Salgado Filho (1932-34), são sancionadas numerosas leis. Elas cobriam tanto questões que regulavam as condições de trabalho daqueles que estavam em atuação no mercado (leis trabalhistas) quanto aspectos que envolviam compensações aos que dele saíam temporária ou permanentemente (leis previdenciárias). Além disso, também havia leis que sancionavam mecanismos institucionais para o enfrentamento de conflitos entre capital e trabalho, como é o caso das Comissões Mistas de Conciliação e das Juntas de Conciliação e Julgamento, compostas por representantes de empregadores e de empregados e coordenadas por um bacharel em Direito, representante do Estado. Apenas para se ter uma ideia do alcance da iniciativa, essa legislação cobria um variado leque de benefícios que incluía, entre outras, a regulamentação de horário de trabalho para comerciários e industriários; a regulamentação do trabalho das mulheres e menores; e uma nova lei de férias. No aspecto previdenciário, houve a extensão dos benefícios da estabilidade, pensões e aposentadorias para várias categorias profissionais. Essa cobertura era oferecida, basicamente, por um conjunto de Institutos de Aposentadorias e Pensões (os IAPs), que se organizavam por categorias profissionais: marítimos, ferroviários, bancários, comerciários, industriários etc. Assim, a população previdenciária era atendida diferencialmente pelos IAPs, consagrando-se uma noção contratual no recebimento dos benefícios compensatórios. Nesses institutos, e diferentemente do que ocorria nas antigas CAPs, que se organizavam por empresa e continuaram a existir, o Estado estava representado na administração, que também incluía membros dos empregadores e dos empregados.

Um elenco que surpreende menos pela novidade do que está sendo regulado, pois todas essas demandas estavam na pauta do movimento operário da Primeira República, e mais pela concentração do esforço e pelo empenho em dar cumprimento às leis, através da fiscalização governamental. Foi, portanto, sobretudo durante o período do Governo Provisório que a legislação trabalhista, previdenciária e sindical ganhou corpo no Brasil. Na época, ela estava voltada para uma população de trabalhadores urbanos, que então crescia em número e possuía um passado de lutas organizadas. Trabalhadores rurais, autônomos e domésticos, todos muito numerosos e se constituindo na maioria da população trabalhadora do país, ficaram de fora da estrutura de proteção que então se inaugurava. Apesar disso, não se deve minimizar o impacto dessa legislação, que apontava a direção intervencionista e protetora do Estado em assuntos trabalhistas.

Outro fator que muito contribuiu para a mudança do quadro de resistência inicial foi a mudança do clima político mais geral do país, com o encaminhamento das medidas que preparavam a instalação de uma Assembleia Nacional Constituinte, a partir de 1933. Em sua composição estava prevista uma bancada de deputados classistas eleita pelos sindicatos de empregados e de empregadores, que se sentaria ao lado das bancadas políticas dos deputados dos estados da federação. A representação nessa assembleia que decidiria o novo formato institucional do país, devolvendo-o a um Estado de direito, abria-se aos trabalhadores, desde que reunidos em sindicatos tutelados pelo Estado. Por conseguinte, é bom lembrar que esse foi um período de reorganização de partidos políticos, de eleições e de ação política parlamentar, do qual os trabalhadores também puderam se beneficiar. O retorno do país à legalidade era avaliado como um momento favorável à retomada das reivindicações por direitos de cidadania, entre os quais estariam os direitos do trabalho, colocados em foco pelo próprio regime do pós-30.

Foi nesse contexto que o chamado enquadramento sindical tornou-se tanto condição para o acesso aos benefícios de uma nova legislação, como o caminho necessário para a eleição de representantes classistas, em número de 40, na Constituinte do país. Ficou extremamente difícil para as lideranças das associações de trabalhadores sustentar a defesa de uma postura independente. Com exceção dos anarquistas, no interior do movimento operário houve uma reavaliação das estratégias que se devia seguir, escolhendo-se a filiação aos sindicatos oficiais. Nesse sentido, tal decisão não deve ser vista como mera adesão e submissão à proposta política oficial, mas sim como uma possibilidade de resistência "por dentro", como se qualificou na época. É bom lembrar também que, para boa parte dos sindicatos de trabalhadores (como os comunistas, por exemplo), o problema com o novo modelo sindical não era a proposta de unidade, pois eles também eram a ela favoráveis, mas a tutela do Estado, que cerceava a liberdade de ideias e de ação.

A Constituição de 1934 trouxe contribuições importantes no campo dos direitos do trabalho. Isso não se deveu, contudo, à real aplicação de suas normas, uma vez que ela teve curtíssima duração, sendo logo atingida por medidas excepcionais, como a declaração do estado de sítio e do estado de guerra, completados pelo golpe de 1937. Durante esse período, o movimento sindical realizou greves e outros protestos, articulou-se em partidos e foi um dos componentes a alimentar as fileiras da Aliança Nacional Libertadora (ANL), criada em março de 1935. O movimento sindical foi um dos atores desse rápido instante de mobilização política de massas, dialogando e enfrentando o governo e o patronato, em busca da garantia e da expansão dos direitos do trabalho que o novo texto constitucional consagrava. Uma de suas grandes inovações foi a manutenção de uma bancada de representantes classistas nas novas assembleias legislativas do país. Outra foi consagrar, no capítulo da Ordem Econômica e Social, o princípio da intervenção do Estado em assuntos de política econômica e social, legitimando o avanço do poder do governo federal nesse terreno (no qual estavam os direitos do trabalho), sem prejuízo dos poderes dos estados, que o federalismo da Carta também sancionava.

Em relação ao modelo de organização sindical, pedra de toque de todo o projeto governamental, houve mudanças, pois foram aprovados o pluralismo e a autonomia sindicais. Finalmente, foi a Constituição de 1934 que previu a instalação da Justiça do Trabalho, uma justiça especial encarregada de dirimir conflitos e realizar acordos, não só entre sujeitos individuais (como a chamada justiça comum), como igualmente entre sujeitos coletivos, o que era muito polêmico e inovador na época. Uma justiça especial por possuir o chamado poder normativo, ou seja, um poder de criar normas capazes de regular as relações entre capital e trabalho, estabelecendo uma jurisprudência que ultrapassava a capacidade de apenas aplicar a lei. Uma justiça em que atuavam, além de juízes togados (com formação em Direito), juízes classistas, isto é, representantes de empregados e empregadores, também conhecidos como vogais que, segundo os princípios corporativistas, estariam melhor resguardando os interesses de suas "classes".

Entre 1931 e 1935 houve, portanto, intensa atuação do movimento sindical, sendo a luta por direitos do trabalho realizada em múltiplas frentes: nos sindicatos, nos partidos, nas ruas, nas sessões legislativas, nas audiências das Juntas de Conciliação e Julgamento etc. Foi só depois de 1935 — depois da eclosão e do esmagamento da revolta comunista — que essa situação começou a se alterar, em função do avanço crescente da repressão. Daí, até 1937, o Brasil não só viveu sob o signo de uma Constituição muito atacada e desrespeitada (inclusive no que se refere à autonomia sindical), como experimentou um clima de crescente radicalização e repressão políticas, que atingiu parlamentares, intelectuais e trabalhadores, entre outros.

É nesse momento que, mais uma vez, a institucionalidade legal do país será rompida e um governo autoritário instalado. E, dessa feita, os direitos civis e políticos de cidadania foram suspensos por um bom período de tempo. Contudo, não foi o que ocorreu com os direitos sociais, e especialmente com os direitos do trabalho, que continuaram a ser implementados e muito propagandeados. Essa assimetria de ritmos entre os direitos de cidadania no Brasil, vivenciada de maneira evidente durante o Estado Novo (1937-45), constitui um fato importante para a compreensão do lugar que os direitos do trabalho ocupam na história da cidadania do país, bem como das características de uma cultura política que elege tais direitos como o grande símbolo da ideia de justiça social. É para o melhor entendimento dessas questões que este texto se volta agora.

O Estado Novo e a invenção do trabalhismo

O primeiro aspecto a ressaltar para que se possa compreender o sentido da nova cultura política que o Estado Novo estava criando é o do vínculo que se constrói entre a ideia de cidadania e a existência de direitos sociais, particularmente direitos do trabalho. Por isso, é fundamental entender que o Estado Novo não interrompe apenas o exercício efetivo das práticas políticas representativas que então vinham sendo experimentadas: novos partidos, novas constituições (federal e estaduais), novos representantes (inclusive uma representação classista, eleita por delegados dos sindicatos) etc. É nesse período que se articula e se difunde, de maneira incisiva e sistemática, um discurso que desqualifica os direitos políticos e todo tipo de práticas liberal-democráticas, tachando-os de ineficientes, custosos e também corruptores.

Um discurso muito bem elaborado e muito conforme às ideias políticas autoritárias dominantes na época, que investiu fundamentalmente contra o Poder Legislativo, seus representantes, seus rituais e suas organizações. As câmaras, os parlamentares, o voto, as eleições, os partidos — tudo isso foi considerado expediente inoperante e descartável. Só que esse discurso desqualificador dos direitos políticos tinha como outro lado da moeda uma extrema valorização dos direitos sociais, estes sim entendidos como verdadeira diretriz de um regime que se queria justo e democrático. Os direitos sociais, materializados com destaque nos direitos do trabalho, tornam-se o centro definidor da condição de cidadania no país. Naturalmente, tratava-se de uma outra proposta de democracia social, compatível com o autoritarismo político e que também não priorizava os direitos civis (aliás, muito pelo contrário).

A importância desse discurso político é extrema, por uma série de razões. Em primeiro lugar, ele é muito bem cuidado e se faz de forma bastante estruturada, envolvendo recursos humanos e financeiros de peso. Recorre também aos mais modernos canais de comunicação política, entre os quais o rádio, os discos, os cartazes de propaganda etc., tudo isso potencializado pelo poder de censura do regime, o que sem dúvida facilitou sua recepção. Mas é preciso reconhecer que esse discurso também é bem recebido por grande parte da população, sobretudo a de trabalhadores, por remeter a uma legislação social e trabalhista que vinha sendo implementada desde o início dos anos 1930, ainda que enfrentando resistências patronais e atingindo apenas o setor urbano. Por essas razões, a compreensão das relações que se constroem entre Estado, trabalhadores e patronato nesse momento exige tanto o exame das iniciativas legislativas então em curso como o acompanhamento dos investimentos do regime na construção de uma ideologia que priorizava a figura do presidente Vargas e da legislação do trabalho. O que se chama aqui de a "invenção do trabalhismo" envolveu a articulação de políticas públicas diferenciadas e também um complexo conjunto de interesses e crenças, do qual participaram, de forma ativa, também os trabalhadores. Portanto, assumindo-se a ótica destes, só analiticamente é possível separar a dimensão "material" dessas políticas (a que significa benefícios objetivos advindos da legislação existente) de sua dimensão "simbólica" (dos ganhos subjetivos, que se traduziam em reconhecimento pelo patronato e pelo Estado).

Dessa forma, é aconselhável ter em mente, ainda que simplificadamente, o que se passou com os direitos do trabalho nesse período. O primeiro registro é o de que o Estado Novo trouxe uma nova lei de sindicalização, a de 1939, que retomou a lei de 1931, instituindo a unidade e a tutela sindicais, necessárias à construção de um modelo de Estado corporativo. Essa lei proibia explicitamente as greves e dava ao Estado o poder de intervir nos assuntos financeiros e administrativos dos sindicatos. Contudo, e a despeito do clima coercitivo vigente, segundo os diagnósticos de funcionários do próprio ministério do Trabalho, Indústria e Comércio, a organização corporativa de sindicatos não deslanchou, nem entre empregados, nem entre empregadores. No caso dos primeiros, o que se observou foi que, embora o número de sindicatos oficiais registrados crescesse (pois essa condição era necessária para se ter acesso e reclamar direitos), diminuía o número de trabalhadores que os frequentavam, isto é, que eram realmente associados.

Foi dentro desse contexto específico, mas principalmente dentro de um novo contexto internacional — marcado pela Segunda Guerra Mundial e pelo crescente avanço dos Aliados, o que apontava para a derrota do Eixo e do autoritarismo que ele representava —, que o Estado Novo desencadeou um grande esforço de produção de políticas públicas capazes de atrair os trabalhadores e dar ao regime bases de legitimidade ainda não alcançadas. Assim, algumas das mais importantes iniciativas no campo dos direitos do trabalho, até hoje, para o bem e para o mal, foram formuladas e implementadas nesse momento e com esse objetivo de fundo.

Entre elas destacam-se a instituição do salário mínimo, que é de 1940, e cujo impacto real sobre os ganhos dos trabalhadores foi e continua sendo muito discutido pela literatura. Mas, para este texto, a questão não é tanto se o salário mínimo representou um aumento real no valor dos salários, mas sim que passou a existir, legalmente, um valor mínimo de remuneração (diferenciado por regiões) garantido pelo Estado, que podia ser reclamado. Até porque, em 1º de maio de 1941, começou a funcionar em todo o país a Justiça do Trabalho que, mesmo prevista pela Carta de 1934, ainda não existia de fato. Criada como parte do poder Executivo e não do Judiciário, e durante a vigência da Carta de 1937, que proibia o direito de greve, a Justiça do Trabalho foi, desde logo, muito utilizada pelos trabalhadores. Como Sultana Levy observou, trazer patrões a um tribunal e vê-los se defenderem ante um juiz, que podia obrigá-los a cumprir obrigações previstas em lei, era uma razoável vitória para trabalhadores até então privados desse direito. Já para a burocracia do regime, o funcionamento da Justiça do Trabalho, ao lado da dos institutos previdenciários, constituía uma das bases fundamentais de um grande projeto, cujo sentido era o de garantir o cumprimento da legislação trabalhista vigente. Faltava, para completar esse tripé, que os sindicatos também funcionassem.

Nesse caso, o que ocorria, seguindo os diagnósticos dessa burocracia, é que os sindicatos não tinham meios de atrair sua clientela. Um problema que devia ser reconhecido e enfrentado. Numa linguagem política atual, ele pode ser traduzido pela ideia de que os sindicatos não tinham como obrigar os trabalhadores a frequentá-los, uma vez que não havia custos para essa não participação. Portanto, era preciso criar estímulos, quer dizer, razões especiais que levassem os trabalhadores aos sindicatos oficiais. Isso podia acontecer, por exemplo, através de uma campanha pela sindicalização, o que foi feito durante o ano de 1943, propagando-se as vantagens dos sindicatos e cuidando-se da formação de novas e eficientes lideranças. Só que, antecedendo essa campanha, uma medida crucial foi tomada: em 1942 foi criado o imposto sindical, uma lei que destinava aos sindicatos uma contribuição compulsória (igual ao valor de um dia de trabalho) de todos os trabalhadores da categoria que oficialmente representavam. A lógica que informava a medida era a de que, como os sindicatos tinham o monopólio da representação das categorias, pela unicidade, todos deviam contribuir para sua manutenção, independentemente de serem ou não sindicalizados. A intenção evidente da lei era "dar vida" (recursos) aos sindicatos e, com isso, torná-los dispensadores de um série de benefícios que, finalmente, atrairiam os trabalhadores: serviços de assistência jurídica e dentária, acesso a lazer, entre outros (é bom observar, contudo, que não haveria como oferecer esses benefícios se todos os trabalhadores de uma categoria resolvessem realmente se sindicalizar).

O imposto sindical iniciava aí uma carreira longa, polêmica e ainda não encerrada, com desdobramentos não antecipados para seus criadores, como se verá adiante.

Finalmente, coroando esse esforço para implementar o projeto trabalhista governamental, no dia 1º de maio de 1943 Vargas anunciou que o país já possuía uma Consolidação das Leis do Trabalho. A CLT, como se tornou conhecida, reunia e sistematizava toda a legislação até então elaborada no campo do Direito do Trabalho, passando a ser nomeada como a "bíblia do trabalhador". Como tal ela devia ser lida, conhecida e reclamada pelos trabalhadores e, para tanto, segundo o próprio Vargas, o governo iria se empenhar. Num certo sentido, pode-se dizer que o fez, embora seja sempre muito difícil considerar o real alcance desse empenho. Isto porque durante o Estado Novo, mesmo após 1942/43, quando o regime se esforçou para implementar seu modelo de organização sindical corporativa, a repressão aos trabalhadores não cessou. Além disso, em função do que se tornou conhecido como esforço de guerra e como "batalha da produção", várias leis que regulavam o mercado de trabalho foram parcialmente suspensas e/ou "flexibilizadas", como se diria atualmente, por exemplo jornadas de trabalho, inclusive femininas. E, mais uma vez vale lembrar, toda essa legislação só alcançava os trabalhadores urbanos, não chegando aos rurais, a imensa maioria na época.

Apesar de tudo isso, foram significativas as iniciativas empreendidas durante o Estado Novo tendo em vista o aprendizado dos direitos do trabalho pela população. Essa atuação envolveu diretamente alguns órgãos governamentais, como o Ministério do Trabalho, Indústria e Comércio e o próprio Departamento de Imprensa e Propaganda (DIP). Era uma diretriz do regime a divulgação desses direitos, para que uma ampla parcela da população deles tivesse conhecimento e uma parcela bem menor, é certo, pudesse realizar suas demandas, inclusive via mecanismos judiciais. Como já se mencionou, os mais modernos meios de comunicação da época foram utilizados, bem como recursos humanos altamente qualificados.

Apenas para se ter uma ideia da magnitude do investimento, três exemplos podem ser citados. O primeiro envolveu diretamente o próprio ministro do Trabalho, Alexandre Marcondes Filho, que durante praticamente todo seu período ministerial, de janeiro de 1942 a julho de 1945, falou semanalmente pelo rádio. Durante dez minutos, todas as quintas-feiras,

Marcondes ocupava os microfones da *Hora do Brasil*, tendo realizado mais de duzentas palestras. "Falando aos trabalhadores brasileiros", o título do programa, resumia as intenções do ministro, tanto quanto a escolha do meio de comunicação. Nessas palestras, em tom coloquial, a mais alta autoridade na área do trabalho dirigia-se aos trabalhadores para falar sobre a legislação social, anunciando novas medidas, esclarecendo dúvidas e, principalmente, afirmando o quanto Vargas, pessoalmente, estava se dedicando à resolução da questão social, chegando mesmo a antecipar-se às demandas dos trabalhadores. No dia seguinte o jornal do Estado Novo, *A Manhã*, publicava o texto das falas, que podia ser assim melhor fixado e guardado pelo público — o que evidencia o cuidado da propaganda em combinar os meios de difusão escrita e falada.

É certamente muito difícil saber o tipo de recepção de tais palestras, bem como de outras iniciativas ministeriais do mesmo teor (e eram muitas) entre os trabalhadores e a população em geral. Seguindo orientações dos estudos de história cultural, sabe-se que toda mensagem é recebida e apreendida por um público de forma ativa, segundo seus próprios referenciais. Não há público passivo e portanto, entre a intenção da mensagem emitida e o entendimento apreendido pelo público, há um grande espaço para novas elaborações. Nesse sentido, algumas pesquisas têm demonstrado facetas interessantes desse processo comunicativo, o que se constitui em um segundo bom exemplo do que se quer demonstrar.

Essa especial comunicação política se revela no grande conjunto de cartas enviadas ao presidente Vargas, recebidas e respondidas pela Secretaria da Presidência da República. Embora essa prática antecedesse o Estado Novo, foi nesse período que o volume de cartas cresceu, havendo um significativo número delas que reclamava providências em questões trabalhistas. Ou seja, o que tais cartas demonstram é que a população, conhecendo o discurso governamental que prometia o cumprimento da legislação social, dele se apropriava, pedindo e até exigindo tal obediência, além de servir-se do canal propagandeado pelo mesmo discurso: o presidente da República em pessoa, que se apresentava como "o pai dos pobres". Uma dessas cartas pode ser ilustrativa. Ela foi escrita em 1942, por Maria dos Anjos Ramos Ventura, pedindo pensão do marido que a abandonara há anos. Apresentando-se como uma mulher indefesa e só, tendo que criar os muitos filhos, e após reconhecer o presidente como o bom e justo protetor da família brasileira, ela lhe pede que envie uma "ordem" à prefeitura de São Leopoldo, onde seu marido é empregado, e "o obrigue pelo decreto de amparo e auxílio", feito pelo próprio Vargas, a lhe pagar uma pensão.

Um terceiro exemplo pode fortalecer o argumento que sustenta tanto o empenho do regime em propagar os direitos do trabalho quanto a utilização que a população faz do próprio discurso governamental para fortalecer suas demandas e exigir a aplicação das leis. O jornal *A Manhã* possuía uma seção diária chamada "Trabalho e assistência social", cujo objetivo era divulgar assuntos relacionados ao Ministério do Trabalho. Dentro da seção havia uma coluna, intitulada "Faça a sua consulta!", dedicada especialmente a responder cartas enviadas pela população contendo dúvidas a respeito da legislação trabalhista. A coluna existiu de 1941 a 1945, e recebeu correspondência de vários estados do país (principalmente do Rio de Janeiro, São Paulo e Minas Gerais). As consultas efetuadas tratavam de diversos assuntos, abarcando um grande número de leis vigentes: salário mínimo, indenizações, pensões, aposentadorias, acidentes de trabalho, estabilidade, carteira de trabalho etc. Finalmente, a coluna orientava os remetentes, com frequência, a resolver seus problemas procurando a Justiça do Trabalho.

Por conseguinte, mesmo assumindo que o alcance efetivo da legislação trabalhista não tenha sido muito grande, é fundamental destacar que houve iniciativas que a tornaram conhecida em todo o país — iniciativas cujos desdobramentos políticos não podiam ser previstos por seus formuladores. A ideologia trabalhista, veiculada durante os anos que vão de 1942 a 1945 e materializada na ideia de cidadania como exercício dos direitos do trabalho, pode ser interpretada como uma proposta de conceituação da política brasileira *fora* dos marcos da teoria liberal, então desacreditada internacionalmente. Nessa proposta de pacto político entre representantes (o Executivo, o presidente da República) e representados (o povo, os trabalhadores), o que se valora é a ideia de cidadania centrada nos direitos sociais, e não nos direitos políticos e civis. Por isso, tais direitos sociais são garantidos pelo Estado como uma forma de doação, ao mesmo tempo obrigatória e generosa. O presidente se "antecipava" às demandas dos trabalhadores e oferecia a legislação social como um "presente" do Estado, que "devia" ser aceito pela população. Dar e receber são, nessa cadeia, atos interdependentes que constituem um vínculo político. Essa cultura política do "direito como dádiva" do Estado, e do direito de cidadania como "direito social do trabalho", tornou-se desde então fundamental para a constituição de um espaço público e de um tipo de pacto entre Estado e sociedade no Brasil.

Um pacto em que o Estado é forte e tem amplo papel intervencionista e protetor, mas no qual a sociedade não pode ser entendida como um sujeito passivo — o que, de fato, nunca ocorre. Isso porque essa proposta de pacto é recebida e reelaborada pela população. Nessa dinâmica complexa, em que as ideias circulam e se transformam, há tanto crença e adesão ao modelo de pacto, quanto um cálculo que visa a defesa de interesses individuais e coletivos, quer eles assumam uma face mais material (a dos benefícios), quer uma face mais simbólica (a de ser reconhecido como interlocutor pelo Estado e pelo empresariado, por exemplo). Essas lógicas, ao mesmo tempo individuais e coletivas, materiais e simbólicas, não são excludentes, podendo se combinar na conformação de uma certa cultura política que hierarquiza direitos de cidadania e postula um dado estilo de relações entre governantes e governados. Dessa forma, uma concepção de cidadania que fugiu ao modelo clássico, mas que não pode ser ignorada ou minimizada, foi experimentada no Brasil dos anos 1940, deixando sólidas raízes. Assim, as interpretações que explicam essa experiência histórica e essa concepção de política como uma "manipulação" do povo por elites "mal intencionadas", que elaboravam leis "para inglês ver", tornam-se insuficientes para dar conta de sua duração e das questões que lançam para o entendimento da trajetória dos direitos de cidadania no Brasil.

Esse talvez seja um dos pontos mais complexos do processo de construção de cidadania no país, mas é igualmente um dos mais reveladores de sua dimensão histórica e de suas características singulares. Até porque ele esclarece uma das razões pelas quais os direitos sociais (e os do trabalho em especial) ocupam uma posição tão central na história da cidadania brasileira, sendo identificados pela população como expressão de justiça social e como obrigação do Estado, embora não tenham contribuído necessariamente para o avanço da democracia no país.

Tendo em vista a duração da herança do Estado Novo, é preciso entender que quando ele foi derrubado, em outubro de 1945, havia se formado uma nova cultura de direitos de cidadania no Brasil, uma nova representação da autoridade política, bem como uma nova proposta de comunicação entre autoridade política e povo. Um povo que iria voltar a ser eleitor, mas que havia, mesmo que com reservas, aprendido e exercido o que eram os direitos sociais de cidadania, particularmente os direitos do trabalho.

Direitos do trabalho e sindicalismo no pós-1946

A Constituinte de 1946 não realizou alterações de monta no campo dos direitos do trabalho. A CLT continuou sendo o grande documento pelo qual todos se orientavam e o modelo de organização sindical corporativista, centrado na unidade dos sindicatos (alimentados pelo imposto sindical) e na tutela estatal, não foi tocado. Nesse aspecto, a nova Constituição, longe de subverter um processo político que datava dos anos 1930, foi seu momento de consolidação. Desde então, ficou claro que o modelo corporativo de representação de interesses podia e iria conviver, mesmo que com dificuldades, com outras formas de representação política próprias ao modelo liberal, como os partidos políticos. Sindicalismo, corporativismo e trabalhismo tornavam-se partes integrantes do processo histórico pelo qual os direitos do trabalho foram experimentados no Brasil. Assim, após 1946, a cidadania, entendida tanto como direito de voto quanto como participação política através dos sindicatos, expandiu-se — o que é um ponto fundamental a ser retido.

Mas a Constituição de 1946 também trouxe duas importantes modificações: o direito de greve, negado pela Carta de 1937, foi reconhecido, e a Justiça do Trabalho integrou-se ao Poder Judiciário, mantendo o que se chama seu poder normativo. Para que essas mudanças sejam bem entendidas, vale esclarecer que, pela lógica do projeto dos anos 1930, as greves eram consideradas ilegais por serem desnecessárias, uma vez que os sindicatos deviam, em nome de suas categorias, recorrer à Justiça do Trabalho, o que invalidava a pressão direta sobre o patronato. Foi devido a essa nova situação que a greve acabou se tornando muito mais um instrumento de pressão dos trabalhadores sobre a Justiça do Trabalho do que sobre o patronato. Ou seja, no pós-46, algumas vezes uma reclamação trabalhista era primeiro dirigida à Justiça do Trabalho, para só então os trabalhadores entrarem em greve, numa estratégia de ação política que buscava acelerar uma decisão que lhes fosse favorável.

Portanto, o período de 1946 a 1964, quando então o Brasil viveu um novo movimento que interrompeu a vigência de uma ordem liberal-democrática, foi de grande aprendizado para a classe trabalhadora. Mas esse foi também um período muito variado no que se refere à ação dos trabalhadores e a suas relações com o patronato e o Estado. Durante o governo do general Eurico Gaspar Dutra (1946-50), por exemplo, houve muita perseguição e repressão ao movimento sindical, ocorrendo, inclusive, a cassação do Partido Comunista do Brasil, que se tornara legal em 1945, concorrera às eleições e elegera candidatos. Esse episódio é simbólico de um fechamento do governo e teve desdobramentos na dinâmica da organização sindical. Na verdade, o sindicalismo só cresceu a partir do segundo governo Vargas (1951-54), tanto em número de sindicatos quanto de trabalhadores sindicalizados, entrando em declínio com a repressão desencadeada pelo movimento militar em 1964. Grosso modo, portanto, de 1951 a 1964 ocorreu um significativo crescimento da força do movimento sindical, que se utilizou dos dois instrumentos principais que possuía para lutar pela aplicação e ampliação dos direitos do trabalho: as greves e o recurso à Justiça do Trabalho. Estudos nessa área já demonstraram que a utilização da negociação coletiva direta com o patronato, evitando a justiça, só começou a ser mais praticada no início dos anos 1960, envolvendo basicamente empresas estatais e multinacionais.

1. No Largo do Palácio e no Largo da Sé, em São Paulo, aspectos dos comícios e manifestações grevistas, julho de 1917.

2. Na mais completa ordem e com uma imponência jamais vista, os operários comemoram o 1º de Maio, formando um enorme cortejo que circulou pela av. Rio Branco e ruas próximas, Rio de Janeiro, 1919.

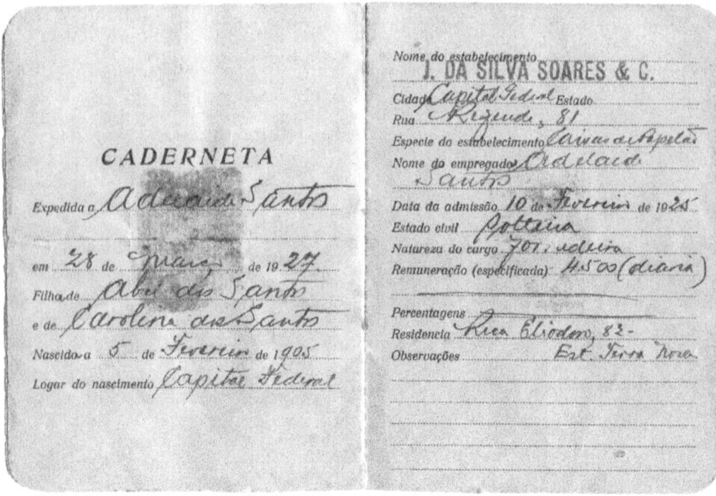

3. Caderneta de estabelecimento fabril dos anos 20, pertencente à operária Adelaide dos Santos. Nela estão registrados dados do estabelecimento (tipo, proprietário e endereço) e do trabalhador (nome, nascimento, endereço, estado civil, data de admissão no emprego, função e remuneração).

4. Carteira profissional de Salvatore Chinelli, imigrante italiano chegado ao Brasil após a Segunda Guerra Mundial. A Carteira de Trabalho, como é conhecida, foi criada em 1932 e se tornou uma segunda identidade para o trabalhador brasileiro.

5. Entrega do projeto da Consolidação das Leis do Trabalho (CLT). Da esquerda para a direita: Arnaldo Sussekind; Augusto do Rego Monteiro; o ministro do Trabalho, Indústria e Comércio, Alexandre Marcondes Filho; e demais membros da comissão elaboradora, 1943.

6. O presidente Getúlio Vargas, Chefe do Estado Novo, entra no estádio do Pacaembu em São Paulo, para as comemorações do 1º de Maio de 1944.

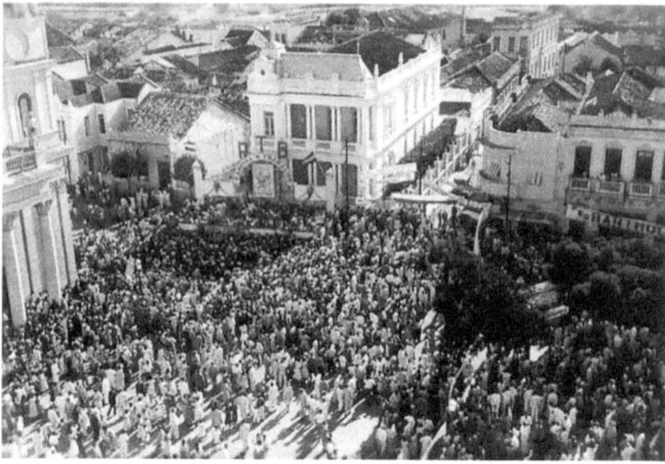

7. Mobilização popular diante do comitê do Partido Trabalhista Brasileiro, no Rio de Janeiro, durante a campanha presidencial de Getúlio Vargas, 1950.

8. O líder metalúrgico Luís Inácio Lula da Silva na greve de São Bernardo, São Paulo, 23 de março de 1979.

9. O deputado Ulisses Guimarães, presidente da Assembleia Nacional Constituinte de 1988, mostra ao plenário o primeiro exemplar da nova Constituição.

Por conseguinte, a década de 1950 foi marcada por numerosas e importantes agitações na área do trabalho organizado. Houve greves e outros tipos de manifestações que mobilizaram sindicatos fortes como o dos ferroviários, marítimos, metalúrgicos, bancários e gráficos, em algumas importantes cidades do país. Algumas transformaram-se em marcos para o movimento sindical, como a que se tornou conhecida como a "greve dos 300 mil", em São Paulo, em 1953, sob o governo Vargas, seguida pela chamada "greve dos 400 mil", também em São Paulo, em 1957, já no governo Juscelino Kubitschek.

O que chama atenção em muitos dos movimentos ocorridos nesse período é o fato de terem encaminhado demandas que foram, em geral, negociadas e acordadas pela Justiça do Trabalho, algumas sendo negociadas antes mesmo de chegarem a ela. Isso evidencia como o movimento sindical soube se utilizar tanto dos direitos consagrados pela CLT quanto da instituição Justiça do Trabalho para afirmar sua presença, beneficiando-se da vigência de regras democráticas e, particularmente, atuando em associação com o Partido Trabalhista Brasileiro. Uma das lideranças do PTB foi então estratégica: João Goulart, ministro do Trabalho de Vargas, vice-presidente de JK e Jânio Quadros, que se tornou presidente quando da renúncia deste, em 1961. Em todo esse delicado equilíbrio de forças, a importância do ministério do Trabalho, quase sempre controlado pelo

PTB, foi muito significativa. Desse centro e de seu Departamento Nacional do Trabalho, que se desdobrava nas Delegacias Regionais do Trabalho, partiam as orientações e as negociações que garantiam que as reivindicações sindicais fossem encaminhadas, evitando-se um curso explosivo. Havia uma espécie de condução acordada dos conflitos, que associava controle político com boas doses de liberdade sindical.

Assim, esses foram anos em que a presença dos sindicatos se afirmou no curso das negociações trabalhistas, com suas lideranças ganhando visibilidade, inclusive em função de uma situação relativamente favorável da conjuntura política e econômica. Outro aspecto que pode qualificar a situação dos trabalhadores refere-se ao poder aquisitivo do salário mínimo, que, após muitos anos, sofrera uma elevação de 100% no governo Vargas, mas cujos reajustes ocorriam a cada três anos. Durante o governo JK, o prazo desses reajustes foi se encurtando, passando a ser anual, sendo que, conforme constatações, o valor real do salário mínimo conseguiu ser mantido, a despeito da inflação então existente. Isso deu à classe trabalhadora urbana uma situação razoavelmente confortável, pois havia emprego e salário. Uma circunstância histórica que, sem dúvida, associava as possibilidades trazidas pela política econômica com a capacidade crescente de pressão dos sindicatos. Neles, lideranças de esquerda ganhavam mais espaço (inclusive comunistas amplamente sabidos

Salário mínimo real: 1940-2000

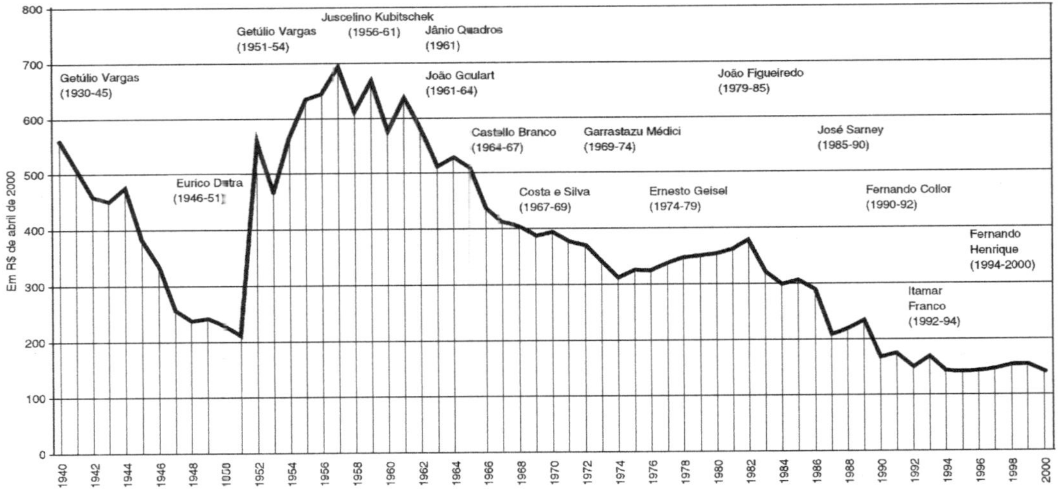

Fonte: DIEESE

ver pág.77

como tais), deslocando antigos sindicalistas (chamados pelegos), mais identificados com uma orientação governamental. Dessa forma, uma grande e rica máquina sindical, montada nos anos 1940, passou a ser disputada e utilizada por diversos grupos no interior do movimento dos trabalhadores.

Mas essa importante renovação de lideranças, que tomou os sindicatos "por dentro", como se dizia, não produziu alterações no modelo de organização corporativa. Embora tais lideranças, na oposição, criticassem o modelo corporativista, quando chegavam à direção dos sindicatos, não o combatiam mais com o mesmo vigor. Vários argumentos justificavam essa postura, entre os quais o papel estratégico do imposto sindical, que mantinha a máquina e, se eliminado, diziam, poderia causar sua destruição. Em relação a essa questão e devido à sua importância até hoje, valem alguns comentários.

Um estudo sobre o sindicato dos bancários do Rio de Janeiro, mas que pode iluminar o panorama da época, chegou a alguns achados importantes. Em primeiro lugar ele demonstrou que, de 1943 a 1963, houve uma certa articulação entre a orientação ideológica da direção sindical e o uso das receitas do imposto. Assim, embora os gastos assistenciais sempre ocupassem a maior parcela das receitas (sempre superiores a 50%, podendo chegar a mais de 90%), eles diminuíam quando as lideranças comunistas assumiam o sindicato, crescendo então os gastos com administração e imprensa sindical. Em segundo lugar, no que se refere à composição da receita do sindicato, os dados que vão de 1943 a 1964 indicaram que, de meados dos anos 1950 em diante, decresceu o percentual relativo ao imposto sindical, aumentando o das mensalidades e contribuições voluntárias dos associados. No caso dos bancários, em 1964 o imposto sindical não chegava a 20% das receitas arrecadadas.

É claro que esses são dados de um sindicato bancário, dos mais ricos e bem estruturados, e que a organização sindical brasileira era muito heterogênea. Até porque a ideia de uma "categoria profissional" como alguma coisa que cria unidade (como a proposta original queria) não funcionou, especialmente após o enquadramento por "indústria" (imagine-se a diversidade no interior da indústria de alimentos, por exemplo). De toda forma, o que essa pesquisa e outras apontam é que, durante esse período, o imposto sindical decresceu de importância nos sindicatos que mobilizavam os trabalhadores, enquanto tornou-se fundamental nos chamados "sindicatos de carimbo", isto é, naqueles que praticamente não tinham trabalhadores sindicalizados, sobrevivendo da cobrança compulsória paga por todos os membros da categoria.

Um resultado absolutamente não antecipado por seus criadores, uma vez que o imposto foi estabelecido exatamente para levar o trabalhador ao sindicato, e não para fazer com que essa instituição prescindisse de sindicalizados ou que suas lideranças limitassem a entrada de filiados, para controlar o oferecimento de serviços e/ou se manter na direção de suas administrações. Exatamente por isso, esse também é o momento da montagem de grandes e bem azeitadas máquinas sindicais, muitas das quais dirigidas por lideranças que se perpetuavam no poder, especialmente no caso das federações e confederações. Tais lideranças com frequência desenvolviam uma atuação que procurava equilibrar a defesa dos interesses dos trabalhadores com uma ação que não desagradasse o governo e mesmo o empresariado, o que foi muitas vezes não só difícil como impossível.

Como se vê, esse foi um período de muita ambiguidade, em que conviveram sindicatos e lideranças burocratizados e sindicatos e lideranças que se fortaleceram na luta por direitos do trabalho, numa disputa constante, que se acirrou à medida que cresceram os recursos de poder da máquina sindical. Um dos mais importantes resultou da aprovação da Lei Orgânica da Previdência Social (de 1960), um projeto que tramitava no Congresso há anos. Essa lei assegurava aos órgãos sindicais 1/3 dos lugares nos conselhos executivos que fiscalizavam todas as agências da Previdência Social, isto é, os poderosos Institutos de Aposentadorias e Pensões (os IAPs). Não é difícil imaginar a ampliação da área de ação e de poder efetivo que o direito a esse tipo de representação deu ao movimento sindical brasileiro. Por outro lado, essa lei, que buscava a uniformização dos serviços previdenciários, não efetiva esse objetivo, só alcançado em 1966, com a criação do Instituto Nacional de Previdência Social (INPS), já no regime militar. Do mesmo modo, os projetos de estender a legislação trabalhista ao campo, que existiram ainda durante o Estado Novo, não tiveram um bom curso, encontrando resistências sólidas, vindas especialmente dos proprietários rurais.

Mesmo assim, ao longo dos anos 1950 transformações estiveram em curso e se aprofundaram em inícios dos anos 1960, durante o governo João Goulart, particularmente em 1963, com a aprovação do Estatuto do Trabalhador Rural. No bojo de uma ampla campanha pelas chamadas reformas de base, o Estatuto do Trabalhador Rural colocou, pela primeira vez, o homem do campo no circuito de proteção social do Estado. Seu grande impacto ocorreu na área de organização sindical, tornada mais simples e desburocratizada. As experiências de formação de associações de trabalhadores rurais que estavam em curso, como a das Ligas Camponesas, multiplicaram-se rapidamente, surgindo inúmeros sindicatos. Isso foi um grande ganho, mas no que diz respeito à extensão dos benefícios trabalhistas o Estatuto não teve os mesmos desdobramentos. As resistências continuaram fortes e não houve uma previsão de recursos adequada e consistente para o cumprimento da proteção. Na prática, os trabalhadores rurais, bem como os autônomos e os domésticos, continuavam excluídos desse tipo de direito de cidadania.

Concluindo, pode-se dizer que, se de um lado o sindicalismo se burocratizou, montando máquinas que consumiram muitos recursos que deveriam favorecer os trabalhadores como um todo, de outro lado também lutou pela manutenção e expansão dos direitos do trabalho, com recurso à greve e à Justiça do Trabalho. Neste último aspecto, o período é significativo, consagrando a possibilidade do uso da Justiça do Trabalho na defesa dos direitos do trabalhador. Não é casual que até hoje ela seja a justiça mais acreditada pela população em geral, como demonstrou uma pesquisa realizada na segunda metade dos anos 1990 no Rio de Janeiro. Essa é, inclusive, uma das razões pelas quais sua existência e centralidade vem sendo defendida, tanto contra críticas que apontam sua lentidão e impropriedade (a justiça comum poderia ser acionada), quanto contra avaliações que entendem que a ação dos tribunais do trabalho, historicamente, impediu a formação de uma classe trabalhadora mais combativa no Brasil.

Autoritarismo e direitos do trabalho no pós-1964

Com o movimento de 1964, várias mudanças ocorreram no campo dos direitos do trabalho, sustentando o vínculo entre expansão de direitos sociais e constrangimento de direitos civis e políticos, assinalado anteriormente.

De início, é preciso destacar que o impacto do movimento militar de 1964 sobre a área sindical foi imenso e violento, com prisões de lideranças, fechamento de sindicatos e o fim do modelo de representação tripartite existente. Excetuando-se a Justiça do Trabalho, onde permaneceram existindo ao lado dos juízes togados, os juízes classistas, os representantes dos empregadores e dos empregados foram excluídos pelo governo do sistema previdenciário e da participação no debate de questões trabalhistas. Após 1965, com o movimento sindical enfraquecido e reprimido, o Estado tornou-se praticamente o legislador do trabalho, especialmente em questões de política salarial, que foi excluída das negociações na Justiça do Trabalho, tornando-se um item da política financeira estatal. Com isso, o regime militar não apenas esvaziou o poder da Justiça do Trabalho como retirou de boa parte do trabalho industrial a única alternativa de melhoria salarial. Nesse sentido, vale destacar que não apenas as profissões permaneceram reguladas pelo Estado como igualmente os salários profissionais tornaram-se um ponto dessa regulação.

Entretanto, o regime militar não alterou a estrutura corporativa de organização sindical, embora tenha afastado os sindicatos do Ministério do Trabalho. Ela permaneceu existindo e, até meados dos anos 1970, quando a situação do país começou a mudar política e economicamente (é o início da "abertura lenta e gradual" e o fim do "milagre econômico"), não houve manifestações públicas de trabalhadores, embora estudos demonstrem que a ação de militantes continuou existindo no interior das empresas, que se transformaram no campo de uma dura e silenciosa batalha pela rearticulação do movimento sindical.

Foi a partir de 1966 que a ação dos governos militares na área dos direitos do trabalho deslanchou. Nesse ano, duas iniciativas merecem registro. A criação do INPS, que uniformizava a prestação dos serviços previdenciários (antes diferenciados pelos IAPs), mas que igualmente expulsava os representantes sindicais de sua administração; e a criação do Fundo de Garantia por Tempo de Serviço (FGTS), que extinguia a estabilidade no emprego (após dez anos), prevista na CLT e praticada desde a existência das CAPs, nos anos 1920. O fim da estabilidade era uma demanda empresarial que se fortalecera com o início do regime militar, mas que necessitava de uma solução que não deixasse os trabalhadores inteiramente desassistidos quando desempregados, como no passado (não havia então o seguro-desemprego, que é de 1990). O FGTS, contudo, não se revelou um substituto eficaz à estabilidade, elevando muito a taxa de rotatividade da mão de obra e golpeando a segurança de renda, trazida pela alternativa anterior.

Além disso, a partir do governo Emílio Garrastazu Médici (1969-74), as iniciativas se voltaram justamente para os trabalhadores rurais, até então praticamente excluídos dos direitos do trabalho, e muito ativos, desde os anos 1950, em sua demanda. Isso ocorreu através do projeto de criação do Fundo de Assistência Rural, o Funrural (de 1971), que efetivamente incluiu esses trabalhadores na previdência social, estabelecendo um tipo de instituição, administração e fonte de recursos separados do INPS. O fundamental a se reter desse novo tipo de estratégia de extração de recursos é que não se cobrava contribuições diretas nem de trabalhadores, nem de proprietários rurais, o que evidentemente minimizava oposições, já desestimuladas pela força do governo Medici. Tratava-se efetivamente de uma política de tipo redistributivo, uma vez que transferia renda das áreas urbanas para as rurais e estabelecia que o trabalho (e não a contribuição) era o fundamento de uma pauta de direitos sociais básicos. Concluindo esse processo de inclusão na previdência, no mesmo governo, em 1972 e 1973, os empregados domésticos e os trabalhadores autônomos passaram a poder se filiar ao INPS.

Uma outra iniciativa de impacto nesse setor pode ser registrada quando Ernesto Geisel chega ao poder (1974-79): a criação do Ministério da Previdência e

Assistência Social, com objetivos muito ambiciosos. Ele fora estabelecido como um desdobramento do Ministério do Trabalho e Previdência, existente desde os anos 1960, que assim perdia atribuições tradicionalmente de sua esfera de atuação: aquelas referentes aos benefícios previdenciários que, evidentemente, significavam muitos recursos financeiros e políticos. Uma atuação que envolvia direitos dos trabalhadores e de suas famílias, pois abarcava questões vinculadas ao afastamento temporário do mercado (por doença, licença maternidade etc.), ou ao afastamento definitivo (por invalidez ou morte). De toda forma, o espaço de ação da previdência social dizia respeito, até 1974, à proteção social daqueles que tinham relações formais com o mercado de trabalho. Uma preocupação que já era objeto de regulamentação estatal há décadas, havendo se expandido ao longo do tempo.

Assim, a novidade trazida pela criação desse ministério não estava fundamentalmente nessa área de ação, ficando muito mais por conta da assistência social. Isto é, o novo ministério deveria voltar sua cobertura de proteção social para toda uma vasta população que *não* tinha como base de direitos o exercício de relações de trabalho. Isso significava a inclusão de segmentos sociais definidos "fora" do mundo do trabalho, "fora" das categorias profissionais regulamentadas e reconhecidas legalmente, desde os anos 1930. Com essa mudança, um conjunto de políticas sociais, mesmo que já existentes, recebia outro estatuto, como é o caso das que se dirigiam à alimentação e abrigo de mães, crianças e idosos, por exemplo. No limite, o novo ministério estabelecia como seu objetivo a universalização da proteção social garantida pelo Estado, expandindo o escopo dos direitos sociais sob responsabilidade pública e desvinculando-os do "mundo do trabalho". Há que se notar que, nesse governo, cresceram os benefícios em assistência médica para os que eram reconhecidos pela CLT, embora tal atendimento começasse a ser realizado, cada vez mais, por instituições privadas conveniadas. De toda forma, a implementação desse projeto político, que deve ser associado ao desencadeamento do processo de "abertura lenta e gradual" formulado por Geisel, não foi bem-sucedida.

No fim do governo Geisel, inclusive, inicia-se a retomada política do movimento sindical, caracterizada pela emergência do que se tornou conhecido como o novo sindicalismo. Tendo como base as cidades do ABC paulista, em 1978 as lideranças desse movimento assumiram claramente que não interessava mais aos sindicatos retomar as relações com o Estado nas bases experimentadas até então. A partir daí, as respostas sindicais à política repressiva do regime militar seguiram duas orientações principais. Em primeiro lugar, combater a estrutura corporativista de representação de interesses existente, rejeitando a experiência do pré-1964, avaliada como inteiramente negativa. Em segundo lugar, orientar-se pela "estratégia do confronto", demandando livre e direta negociação com o empresariado e recusando a mediação estatal. Tal projeto tinha como pano de fundo a oposição da sociedade mais ampla ao chamado "arrocho salarial" e ao endurecimento do regime militar.

Contudo, ambas as diretrizes acabaram sendo abandonadas ao longo da década de 1980. Estudos já analisaram as razões para tal fato, apontando a entrada e a utilização, pelas novas lideranças, da antiga estrutura sindical como um razão decisiva. A opção pelo sindicalismo corporativista facilitava as negociações tanto com o empresariado quanto com o Estado, o que fez com que a unidade e o imposto sindical não fossem mais tão questionados, restando apenas a denúncia à tutela estatal. De outro lado, fatores como a intransigência empresarial, as disputas no interior das novas lideranças e a crise econômica por que passava o país ajudam a entender os parcos ganhos da "estratégia do confronto", bem como o obscurecimento dos vínculos entre o "novo e o velho" sindicalismo, sobretudo no que diz respeito à estrutura sindical.

Na virada dos anos 1980 para os anos 1990, o que ganhou força, internacional e nacionalmente, no campo dos direitos do trabalho foram os princípios neoliberais que postulavam uma retirada do Estado da regulamentação da economia e do mercado de trabalho. No caso do Brasil, essa retirada vem tendo desdobramentos de impacto na área dos direitos do trabalho, a despeito da Constituição de 1988.

Cidadania e direitos do trabalho nos anos 1990

A Constituição de 1988 consagrou um novo patamar para os direitos de cidadania no Brasil, expandindo os políticos, resguardando os civis e incorporando os sociais. Desse modo, tornou-se conhecida como a "Constituição-cidadã", particularmente por inaugurar novas dimensões de direitos, como os do consumidor, e por fortalecer instituições, como o Ministério Público, cujo papel na salvaguarda da cidadania tem-se demonstrado valioso e crescente.

No que se refere mais especificamente aos direitos do trabalho, a Constituição de 1988 não tocou fundamentalmente na CLT, e no que diz respeito à organização sindical uma questão chamou muito a atenção. Apesar de toda a crítica veiculada pelo movimento do novo sindicalismo desde 1978, e de todas as críticas que se acumulavam desde os anos 1930, tanto trabalhadores quanto empresários não se serviram dessa oportunidade para desmontar inteiramente o modelo sindical corporativista. O que a Constituição acabou aprovando foi um modelo ambíguo que manteve o princípio da unidade sindical, sem seu "outro" lado: a tutela estatal. Ou seja, o movimento sindical ganhou autonomia ante o Estado, que não mais "reconhece" sindicatos nem neles pode interferir, mas continua mantendo o monopólio da representação de "sua" categoria profissional e organizando-se a partir de uma estrutura verticalizada que não admite centrais sindicais. Além disso a Constituição transformou o imposto em contribuição sindical, o que significa que todos os trabalhadores continuam sendo obrigados a contribuir para os sindicatos, embora a filiação seja facultativa.

Uma situação, no mínimo, muito paradoxal, pois a existência de centrais sindicais é um fato desde os anos 1980. Elas são atores fundamentais nos debates políticos e nas negociações trabalhistas, atuando e sendo reconhecidas junto à classe trabalhadora de várias maneiras. A Central Única dos Trabalhadores (CUT) e a Força Sindical são os dois melhores exemplos, até porque são chamadas pelo próprio governo para opinarem e participarem de discussões de interesse dos trabalhadores e da sociedade brasileira. Contudo, não são organizações "legais", e ainda atuam manejando uma estrutura sindical que não as prevê e que, na teoria, as contradiz.

A permanência desse modelo associativo de corte corporativista é uma das questões mais complexas e polêmicas nos debates sobre direitos do trabalho e organização sindical no Brasil, até hoje. Avaliações que datam do fim dos anos 1980 vêm apontando que ele teria entrado em colapso ante a globalização da economia e ao chamado movimento de reestruturação produtiva, que trouxeram consigo os fenômenos conhecidos como desemprego estrutural (um desemprego permanente e não mais conjuntural) e flexibilização das relações de trabalho. Isso significa postular que, também no Brasil, um certo recuo da presença do Estado nos arranjos que envolvem o estabelecimento de direitos do trabalho é inevitável, sendo impossível a manutenção do grau de intervencionismo consagrado na CLT, que nasceu sob o signo do intervencionismo dos anos 1940. Nesse sentido, há uma espécie de consenso nos diagnósticos de sindicalistas, empresários, políticos e juristas de que mudanças são inevitáveis e de que é preciso modernizar a CLT. Mas a partir daí instala-se um razoável dissenso quanto ao tipo de mudanças a serem realizadas, às formas de seu encaminhamento e ao momento oportuno para sua efetivação.

Tais impasses se tornaram mais visíveis no fim do ano de 2001, quando a Câmara dos Deputados discutiu o projeto de lei que propõe alterações no artigo 618 da CLT. Um projeto nomeado como uma reforma trabalhista, que foi aprovado na Câmara (em dezembro de 2001), mas que no momento em que escrevo este texto ainda não foi votado no Senado. Em primeiro lugar, é bom informar que os pontos que estão sendo flexibilizados pelo projeto se referem, basicamente, aos direitos de férias, licença-maternidade e paternidade, e pagamento do 13º salário. Portanto, a reforma não toca no modelo de organização sindical, nem no que se refere à unidade (e às centrais, como decorrência) nem à contribuição sindical, sempre questionados mas evitados, mais uma vez. Essa é uma das questões apontadas pelos que criticam o projeto, por considerarem que uma reforma das relações do trabalho deveria passar pela mudança do artigo 8º da Constituição, que trata da organização sindical. Para essa posição, enquanto não houver liberdade sindical, isto é, pluralidade e fim do "imposto", os sindicatos não vão se fortalecer e representar efetivamente os trabalhadores, negociando acordos coletivos de trabalho.

Para essa posição, ainda, a Constituição já permitiria a flexibilização da CLT em pontos básicos, como salários e jornada de trabalho. A atual reforma traria, portanto, uma perda de direitos para o trabalhador, ao atingir o sentido de alguns benefícios fundamentais. Um exemplo é o das férias, criadas como um "tempo" de reposição da saúde física e mental do trabalhador, e que ao ser reduzida e fragmentada ao longo de um ano elimina o efeito desejado. A essa linha de argumentação os críticos da reforma atual agregam a falta de oportunidade para tal debate, uma vez que o país vive dificuldades econômicas que se manifestam, para o trabalhador, através da ameaça do desemprego. Uma ameaça que enfraquece o sindicato, facilitando a imposição de condições de trabalho pelo patronato — consideração rebatida pelos que defendem as mudanças, com o argumento de que os custos sociais do trabalho acabam conduzindo o trabalhador ao desemprego e ao subemprego, razão pela qual a flexibilização dos direitos pode levar a um aumento da mão de obra empregada. Além disso, os que estão nessa posição consideram que, devido à CLT, os sindicatos praticamente não negociam com o patronato, recorrendo sistematicamente à Justiça do Trabalho para fazer isso por eles. A reforma, nessa ótica, obrigaria os sindicatos a negociar e, em o fazendo, a se fortalecer.

Este breve elenco de pontos de vista demonstra que a questão é muito relevante e complexa, relacionando diretamente, como este texto tem procurado destacar, o problema dos direitos do trabalho com a organização da estrutura sindical. Além disso, a questão se amplifica, tocando os grandes debates que abarcam a política econômica e financeira governamental, quer em aspectos tributários, quer no que diz respeito às taxas de juros ou ao estímulo a investimentos, particularmente em atividades que empreguem mão de obra. Por tais razões, o debate sobre flexibilização das relações de trabalho está no âmago de diagnósticos sobre o problema do desemprego e do subemprego no Brasil. Enfim, no âmago de diagnósticos que avaliam a situação de existência dos direitos do trabalho no Brasil.

Nesse sentido, chamam a atenção os resultados divulgados por duas pesquisas. Uma delas é o último censo sindical realizado pelo Instituto Brasileiro de

Geografia e Estatística (IBGE), em 1998, e a outra é uma pesquisa empreendida pela agência Datafolha, entre 19 e 21 de novembro de 2001, em 126 municípios de todo país, abarcando 2.578 pessoas. O que elas nos oferecem é uma espécie de retrato das condições de trabalho no Brasil na virada do século XX para o XXI, com direito a uma visualização da situação dos sindicatos. Começando por aí, o que o censo mostra é que cerca de 90% dos 18 mil sindicatos existentes podem ser considerados de "carimbo", isto é, eles existem para recolher a contribuição sindical. Há sindicatos, como o dos metalúrgicos do ABC, que devolvem os valores descontados em folha, recebendo mensalidades voluntárias de seus associados; mas há centrais, como a Força Sindical, que mesmo não se inserindo na estrutura organizativa recebem e não devolvem tais valores, a despeito de propagandearem uma posição contrária à sua existência.

Uma situação que se complica quando se verifica que a absoluta maioria dos trabalhadores (83%) não participa dos sindicatos mas como se viu, paga a eles contribuição. Essa maioria pode ser melhor qualificada quando se dimensiona que, mesmo entre os trabalhadores com carteira assinada, apenas 35% são sindicalizados. A despeito disso, o que é um dado extremamente auspicioso para as lideranças sindicais, grande parte dos trabalhadores apoia e reconhece a importância dos sindicatos (bem como a dos partidos), sobretudo nas lutas por aumentos salariais. São dados que reforçam a importância de se enfrentar a questão da reforma da estrutura sindical, até mesmo porque o fenômeno de esvaziamento dos sindicatos é internacional, não afetando apenas o Brasil. De toda forma, existem diagnósticos que relacionam essa sistemática perda de sócios à perda de um efetivo projeto de mobilização dos trabalhadores, como o que existiu durante os anos de combate à ditadura militar e de luta contra o arrocho salarial.

O título da matéria que divulga os dados da pesquisa do Datafolha é indicativo de seus resultados. O Brasil que discute a flexibilização da CLT é "um país de direitos de papel", ou seja, em que grande parte dos trabalhadores, por razões diversas, ainda não usufrui dos direitos do trabalho previstos em lei. Agravando o fato está a constatação de que, nessa maioria de trabalhadores, são aqueles mais necessitados, vivendo nas regiões mais pobres do país, os que não têm acesso a esses direitos, constituindo uma categoria significativa de excluídos de uma dimensão fundamental dos direitos de cidadania. Ou seja, em 2001, apenas metade da mão de obra ocupada no país tem as garantias básicas dos direitos do trabalho, e justamente os que mais precisariam dessas garantias são os que delas estão afastados.

Outro indicador importante para o entendimento dessa exclusão refere-se ao crescimento do desemprego, que triplicou entre 1996 e 2001. Ao lado desse dado e acentuando-o, vem a constatação de que diminuiu o número de postos de trabalho bem remunerados e cresceu o de postos informais de trabalho. A informalidade é uma dura realidade no país, pois achata ainda mais a renda do trabalhador: segundo a pesquisa, um trabalhador com carteira assinada ganha 92% a mais que um assalariado sem registro, e 40% a mais que os que "vivem de bico". Não é surpreendente, portanto, que o trabalhador brasileiro continue a desejar uma carteira de trabalho assinada ou, em sua falta, um emprego por conta própria, que lhe permita uma ocupação estável, com acesso aos direitos do trabalho. Mas não é fácil possuir esse documento, que cada vez mais parece ser propriedade de jovens, que estudaram mais e, apesar disso, ganham pouco.

A tais observações valeria a pena agregar os dados que constatam a existência de longas jornadas de trabalho, comparáveis até às existentes no início do século XX, demonstrando como o trabalhador brasileiro está longe (por necessidade e/ou vontade) de ser um preguiçoso. Além disso, mulheres e negros continuam ganhando muito menos que homens brancos, e uma boa parte da população que procura emprego não os encontra por total falta de qualificação profissional. O problema da desqualificação para o trabalho faz fronteira com o problema da educação, e da educação de adultos em especial. Essa questão também se relaciona com a da grande rotatividade da mão de obra, trazendo significativa descontinuidade nos contratos de trabalho, como tem sido apontado.

Diante desses dados e com uma perspectiva histórica, é interessante recolocar o debate sobre a flexibilização da CLT. Qual é afinal seu alcance, seu impacto? Quais são seus desdobramentos mais imediatos e de mais longo prazo? Perguntas para as quais não se pretende sugerir respostas acabadas, mas tão somente estimular reflexões, que são aguçadas quando se verifica que, ao mesmo tempo em que o governo encaminha um projeto para flexibilizar direitos trabalhistas já existentes, discute outro que visa a criar direitos para trabalhadores "avulsos" (diaristas, jardineiros etc.), ou seja, para uma nova população de trabalhadores. E esses direitos, o que é bem interessante, são exatamente os mesmos que estão sendo flexibilizados: férias, 13º salário, licença-maternidade, além de aposentadoria e auxílio-doença, entre outros. Uma iniciativa importante e louvável, pois ao invés de reduzir direitos existentes caminha na direção de encontrar soluções que os estendam a uma população que não está formalmente engajada no mercado de trabalho.

Esta é uma posição defendida por todos os que consideram que os trabalhadores devem ter um patamar mínimo de direitos irrenunciáveis, postulando que, no Brasil, tais direitos, por tradição jurídica, devem ser garantidos pela lei. Uma posição que acredita que os direitos do trabalho podem fazer falta, sendo parte de uma luta fundamental de construção de uma cidadania que se quer, cada vez mais, democrática.

Cronologia

1888

13 mai Assinada a Lei Áurea, que abole a escravidão no Brasil.

1889

15 nov Proclamada a República.

1891 Promulgação da primeira Constituição republicana.

1903 Primeira grande greve dos trabalhadores têxteis no Rio de Janeiro.

1906 Realização do 1º Congresso Operário Brasileiro, no Rio de Janeiro.

1907 Lei sindical assegura liberdade às associações civis registradas em cartório.

1916 Entra em vigor o primeiro Código Civil do país.

1917 Grandes greves no Rio de Janeiro e em São Paulo.

1918 Têm início, na Câmara dos Deputados, os trabalhos de discussão de uma legislação trabalhista e de um Código de Trabalho para o Brasil. Revolta anarquista no Rio de Janeiro.

1919 Greves em vários estados do país pela jornada de trabalho de oito horas e melhores salários. Fim da Primeira Guerra Mundial e assinatura do Tratado de Versalhes.

Aprovada Lei de acidentes de trabalho, considerada a primeira lei de previdência do país.

1923 Greves no Rio e São Paulo. Criação da Caixa de Aposentadoria e Pensões para os Ferroviários, a primeira das CAPs. Com ela, e por razões atuariais, foi instituída a estabilidade no emprego. Criação do Conselho Nacional do Trabalho.

1925 Aprovada pelo Congresso a Lei de férias.

1926 Aprovado pelo Congresso o Código de Menores.

1930 Revolução de 1930. Criação do Ministério do Trabalho, Indústria e Comércio. Lei dos 2/3, ou da Nacionalização do Trabalho.

1931 Lei de sindicalização estabelece a unicidade e a tutela sindicais para empregados e empregadores.

1932 Novo Código Eleitoral. Criação da Carteira de Trabalho. Começam a atuar as Comissões Mistas de Conciliação (com funções conciliatórias em dissídios coletivos) e as Juntas de Conciliação e Julgamento (com poderes sobre os dissídios individuais).

1933 Criado o Instituto de Aposentadorias e Pensões dos Marítimos, o primeiro dos IAPs.

1934 Promulgada a Constituição de 1934, que prevê a criação de uma Justiça do Trabalho e estabelece a pluralidade e a autonomia sindicais.

1937 Golpe dá início ao Estado Novo. Nova Constituição proíbe greves.

1939 Nova lei de sindicalização restabelece a unidade e a tutela sindicais.

1940 O salário mínimo é anunciado no Dia do Trabalho, no estádio de São Januário.

1941 No Dia do Trabalho tem início, em todo o país, o funcionamento da Justiça do Trabalho.

1942 Criado o imposto sindical. Sua distribuição era de 60% para os sindicatos, 15% para as federações, 5% para as confederações e 20% para o Ministério do Trabalho.

1943 No Dia do Trabalhador é anunciada a Consolidação das Leis do Trabalho (CLT).

1946 Nova Constituição mantém os princípios da CLT e permite as greves.

1953 Greve dos 300 mil, em São Paulo. O salário mínimo tem aumento de 100%.

1960 Aprovada a Lei Orgânica da Previdência Social.

1963 Aprovado o Estatuto do Trabalhador Rural.
Sancionada lei que cria o 13º salário.

1964 Tem início o regime militar, com muitas prisões e intervenções em sindicatos.

1966 Criados o Fundo de Garantia por Tempo de Serviço (FGTS), que acaba com a estabilidade no emprego, e o Instituto Nacional de Previdência Social (INPS).

1970 Criados dois fundos, o PIS e o Pasep, como resposta à demanda de participação dos trabalhadores nos lucros das empresas, um assunto discutido na Câmara dos Deputados desde 1919.

1971 Criado o Fundo de Assistência Rural (Funrural).

1972/73 Os trabalhadores domésticos e autônomos são incluídos na Previdência Social.

1974 Criado o Ministério da Previdência e Assistência Social.

1988 Nova Constituição amplia direitos dos trabalhadores urbanos e rurais e prevê o seguro desemprego.

1990

jan Regulamentado o seguro desemprego.

2001 A Câmara dos Deputados aprova projeto que flexibiliza direitos inscritos na CLT.

Referências e fontes

- O depoimento de Sultana Levy foi dado em entrevista concedida à autora em 10.04.2001.

- O comentário de Arnaldo Sussekind está em entrevista concedida ao projeto "História dos direitos do trabalho no Brasil" (LABHOI/UFF e AMORJ/UFRJ) entre maio e julho de 2001.

- p.9: Pesquisa do Datafolha realizada entre 19 e 21.11.2001 constatou que o salário médio mensal das mulheres é 40,4% menor e o dos negros é, em média, 42% menor. Caderno "Folha Trabalho Especial", *Folha de S. Paulo,* 24.03.2002.

- A carta de Maria dos Anjos Ramos Ventura para Vargas está em *Não existem mais intermediários entre o governo e o povo: correspondência de Getúlio Vargas*, de José Roberto Franco Reis (tese de doutorado, Unicamp, 2002, p.93-4).

- Dados sobre a coluna "Faça a sua consulta!" estão em *Revista do Trabalho: uma contribuição para o Direito do Trabalho no Brasil*, de Carla Guedes Martins (dissertação de mestrado, UFF, 2000).

- p.51: O salário mínimo real médio no ano corresponde à média do salário mínimo em valores reais, deflacionado pelo Índice de Custo de Vida do Dieese para famílias de renda de 1 a 3 salários mínimos. Para o cálculo da média foram considerados 13 salários por ano desde a instituição da gratificação natalina, em 1962, e os abonos eventuais. Fonte: Departamento Intersindical de Estatística e Estudos Socioeconômicos — Dieese, jun/2000 e jun/2001. Agradeço a Eduardo Scaletsky a elaboração deste gráfico.

• O estudo sobre o sindicato dos bancários mencionado à p.52 é *Sindicato e sindicalismo bancário*, de Ana Lúcia Valença de Santa Cruz Oliveira (Seropédica, Edur, 1998). As informações citadas em seguida estão no capítulo IV.

• A pesquisa referida na p.56 está em *Lei, justiça e cidadania: direitos, vitimização e cultura política na região metropolitana do Rio de Janeiro*, coordenação de José Murilo de Carvalho (CPDOC-FGV/Iser, 1997). Importa registrar que não há mais juízes classistas na Justiça do Trabalho.

• Os dados das duas pesquisas comentadas na p.67-8 foram divulgados em "O país dos direitos de papel", caderno "Folha Trabalho", *Folha de S. Paulo*, 24.03.2002. Outro exemplo do debate está em "CLT: reforma moderniza relações trabalhistas", *O Globo*, 07.03.2002.

• Sobre o emprego com carteira assinada, segundo pesquisa, em 2000/2001, 1,25 milhão de vagas foram criadas com o documento, todas para quem tinha até 29 anos, estudou até a 5ª série do ensino fundamental e ganhava até três salários mínimos. "Carteira de trabalho agora rebaixa salário", caderno "Folha Dinheiro", *Folha de S. Paulo*, 28.04.2002.

Sugestões de leitura

• Muitas partes deste livro são reflexões desenvolvidas e aprofundadas em trabalhos de minha autoria. Dentre eles, principalmente no que se refere à Primeira República e ao primeiro governo Vargas, destaco: *Burguesia e trabalho; política e legislação social no Brasil (1917-1937)* (Rio de Janeiro, Campus, 1979) e *A invenção do trabalhismo* (Rio de Janeiro, Relume-Dumará, 2ª ed. 1994). Numa perspectiva mais ampla, ver "A política brasileira em busca da modernidade: na fronteira entre o público e o privado", in Lilia Moritz Schwarcz (org.), *História da vida privada no Brasil*, vol.4 (São Paulo, Companhia das Letras, 1998).

• Em relação à luta dos trabalhadores e ao encaminhamento de uma legislação social no Brasil, vale mencionar os textos de Luís Werneck Vianna, *Liberalismo e sindicato no Brasil* (Belo Horizonte, UFMG, 1999; 1ª ed. 1976); Boris Fausto, *Trabalho urbano e conflito social, 1890-1920* (São Paulo, Difel, 1977); Leôncio Martins Rodrigues, "Sindicalismo e classe operária (1930-1945)", in Boris Fausto (org.), *História Geral da Civilização Brasileira, tomo III — Sociedade e política*, vol.10 (São Paulo, Difel, 1981); Jorge Ferreira, *Trabalhadores do Brasil: o imaginário popular* (Rio de Janeiro, FGV, 1997); e Cláudio Batalha, *O movimento operário na Primeira República* (Rio de Janeiro, Zahar, 2000).

• Sobre a classe trabalhadora, partidos políticos e o movimento sindical mais recente ver Maria Hermínia Tavares de Almeida, *Crise econômica e interesses organizados* (São Paulo, Edusp, 1996) e Bárbara Weistein *(Re)Formação da classe trabalhadora no Brasil (1920-1964)* (São Paulo, Cortez, 2000). Tocando em pontos mais específicos, Angela de Castro Gomes e Maria Celina D'Araújo, *Getulismo e trabalhismo* (São Paulo, Ática, 1989) e também "A extinção do imposto sindical: demandas e contradições", *Dados: Revista de Ciências Sociais* vol.36, n.2 (Rio de Janeiro, 1993).

• Sobre a questão da cidadania e das políticas sociais governamentais, é fundamental mencionar o livro de T.H. Marshall *Cidadania, classe social e status* (Rio de Janeiro, Zahar, 1967) e o de Wanderley Guilherme dos Santos, *Cidadania e justiça: a política social na ordem brasileira* (Rio de Janeiro, Campus, 1979), onde se elabora o conceito de cidadania regulada, desde então muito usado pela literatura que trata do tema.

• Sobre a trajetória da cidadania brasileira são interessantes os trabalhos de Hebe Maria Mattos, *Escravidão e cidadania no Brasil monárquico* (Rio de Janeiro, Zahar, 2000); Keila Grinberg, *Código Civil e cidadania* (Rio de Janeiro, Zahar, 2001); José Murilo de Carvalho, *Cidadania no Brasil: o longo caminho* (Rio de Janeiro, Civilização Brasileira, 2001); e Dulce Pandolfi et alii, *Cidadania, justiça e violência* (Rio de Janeiro, FGV, 1999).

- Discutindo a política previdenciária são valiosos os textos de Jaime de Araújo Oliveira e Sônia Fleury Teixeira, *(Im)previdência social* (Petrópolis, Vozes, 1985); Angela de Castro Gomes (org.) *Trabalho e previdência em debate* (Rio de Janeiro, FGV, 1992); e Ignácio Godinho Delgado, *Previdência social e mercado no Brasil* (São Paulo, LTr, 2001).

Sobre a autora

Nasci em Itaperuna, estado do Rio de Janeiro, em 1948, moro em Niterói, sou casada e mãe de duas filhas. Fiz Escola Normal e comecei a lecionar em 1966. Concluí a graduação em história na Universidade Federal Fluminense (UFF), em 1969 e fiz minha pós-graduação (mestrado/1978 e doutorado/1987) em ciência política no Instituto Universitário de Pesquisas do Rio de Janeiro (Iuperj). Iniciei minha carreira como professora universitária na Pontifícia Universidade Católica (PUC) do Rio, continuando esse trabalho na UFF, onde sou professora titular de história do Brasil.

Sinto-me bem em salas de aula, mas adoro fazer pesquisa e, nesse campo, iniciei minhas atividades no Centro de Pesquisa e Documentação em História Contemporânea do Brasil da Fundação Getulio Vargas (CPDOC/FGV), em 1976. Nessa instituição consolidei meu interesse pelas áreas de história política e cultural, especialmente os estudos sobre o período republicano, o pensamento social brasileiro e os temas da cidadania e dos direitos do trabalho. Tenho também interesse pela pesquisa com fontes orais e imagens, que acredito cada vez mais fundamentais ao ensino de história. Considero um privilégio ter sido criadora e editora das revistas *Estudos Históricos* (do CPDOC/FGV), *Tempo* (da UFF) e *História Oral (da Associação Brasileira de História Oral).*

Finalmente, escrevi muitos artigos e quatro livros, todos voltados para um público mais acadêmico. Atualmente, tenho desejo de dialogar com um público mais amplo e diversificado, apostando em um texto claro, simples e cuidado. Meu avô, um tipo de velho professor que não existe mais, dizia que o gosto por uma disciplina e seus primeiros passos devem ser ensinados por quem já percorreu um longo e difícil caminho. Quem sabe, então, pode-se ter algum sucesso.

Coleção Descobrindo o Brasil

direção: Celso Castro

A modernização da imprensa (1970-2000)
Alzira Alves de Abreu

O Brasil no império português
Janaina Amado e Luiz Figueiredo

Os intelectuais da educação
Helena Bomeny

A era do rádio
Lia Calabre

A invenção do Exército brasileiro
A proclamação da República
Celso Castro

O Estado Novo
Maria Celina D'Araujo

A belle époque amazônica
Ana Maria Daou

O livro e a leitura no Brasil
Alessandra El Far

O pensamento nacionalista autoritário
Boris Fausto

Os índios antes do Brasil
Carlos Fausto

Os brasileiros e a Segunda Guerra Mundial
Francisco César Ferraz

Rebeliões no Brasil Colônia
Luciano Figueiredo

Palmares, ontem e hoje
Pedro P. Funari e Aline V. Carvalho

A arte rupestre no Brasil
Sambaqui: arqueologia do litoral brasileiro
Madu Gaspar

As formas do espaço brasileiro
Pedro Geiger

Cidadania e direitos do trabalho
Angela de Castro Gomes

Negros e política (1888-1937)
Flávio Gomes

Código Civil e cidadania
Keila Grinberg

Como falam os brasileiros
Yonne Leite e Dinah Callou

Uma viagem com Debret
Valéria Lima

O nascimento da imprensa brasileira
Isabel Lustosa

Escravidão e cidadania no Brasil monárquico
Hebe Maria Mattos

Os evangélicos
Clara Mafra

O sindicalismo brasileiro após 1930
Marcelo Badaró Mattos

O período das Regências (1831-1840)
Marco Morel

Da Bossa Nova à Tropicália
Santuza Cambraia Naves

Arqueologia da Amazônia
Eduardo Góes Neves

História do voto no Brasil
Jairo Nicolau

O Brasil dos imigrantes
Lucia Lippi Oliveira

Política externa brasileira
Leticia Pinheiro

Ditadura militar, esquerdas e sociedade
Daniel Aarão Reis

A Independência do Brasil
Iara Lis C. Souza

Partidos políticos no Brasil (1945-2000)
Rogerio Schmitt

O Império em procissão
Lilia Moritz Schwarcz

Modernismo e música brasileira
Elizabeth Travassos Lins

A fotografia no Império
Pedro Karp Vasquez

Brasil de todos os santos
Ronaldo Vainfas e Juliana Souza